Siempre con Él

Una meditación
para cada día

Ediciones Palabra
Madrid

© Fulgencio Espa Feced, 2024
© Antonio Fernández Velasco, 2024
© Fernando del Moral Acha, 2024
   Ediciones Palabra, S.A., 2024
   Paseo de la Castellana, 210 – 28046 MADRID (España)
   Telf.: (34) 91 350 77 20 – (34) 91 350 77 39
   www.palabra.es
   palabra@palabra.es

Diseño de portada: Equipo de producción
ISBN: 978-84-1368-333-1
Depósito legal: M-13.660-2024
Impresión: Gohegraf, S.L.
Printed in Spain – Impreso en España

FULGENCIO ESPA
ANTONIO FERNÁNDEZ
FERNANDO DEL MORAL

Siempre con Él

*Una meditación
para cada día*

Tiempo ordinario
Semanas XXI-XXVII

PALABRA

CALENDARIO LITÚRGICO	2024 B	2025 C	2026 A	2027 B	2028 C	2029 A	2030 B	2031 C	2032 A	2033 B	2034 C
2ª después de Navidad	—	5 ene.	4 ene.	3 ene.	2 ene.	—	—	5 ene.	4 ene.	2 ene.	—
Epifanía del Señor	6 ene.	6 ene.	6 ene.	6 ene.	6 ene.	6 ene.	6 ene.	6 ene.	6 ene.	6 ene.	6 ene.
Bautismo del Señor	7 ene.	12 ene.	11 ene.	10 ene.	9 ene.	7 ene.	13 ene.	12 ene.	11 ene.	9 ene.	8 ene.
2ª de tpo. ordinario	14 ene.	19 ene.	18 ene.	17 ene.	16 ene.	14 ene.	20 ene.	19 ene.	18 ene.	16 ene.	15 ene.
3ª de tpo. ordinario	21 ene.	26 ene.	25 ene.	24 ene.	23 ene.	21 ene.	27 ene.	26 ene.	25 ene.	23 ene.	22 ene.
4ª de tpo. ordinario	28 ene.	2 feb.	1 feb.	31 ene.	30 ene.	28 ene.	3 feb.	2 feb.	1 feb.	30 ene.	29 ene.
5ª de tpo. ordinario	4 feb.	9 feb.	8 feb.	7 feb.	6 feb.	4 feb.	10 feb.	9 feb.	8 feb.	6 feb.	5 feb.
6ª de tpo. ordinario	11 feb.	16 feb.	15 feb.	—	13 feb.	11 feb.	17 feb.	16 feb.	—	13 feb.	12 feb.
7ª de tpo. ordinario	20 may.	23 feb.	—	17 may.	20 feb.	21 may.	24 feb.	23 feb.	17 may.	20 feb.	19 feb.
8ª de tpo. ordinario	27 may.	2 mar.	25 may.	24 may.	27 feb.	28 may.	3 mar.	—	24 may.	27 feb.	29 may.
9ª de tpo. ordinario	3 jun.	—		31 may.	5 jun.	4 jun.	—	2 jun.	31 may.	—	5 jun.
MIÉRCOLES DE CENIZA	14 feb.	5 mar.	18 feb.	10 feb.	1 mar.	14 feb.	6 mar.	26 feb.	11 feb.	2 mar.	22 feb.
1ª de Cuaresma	18 feb.	9 mar.	22 feb.	14 feb.	5 mar.	18 feb.	10 mar.	2 mar.	15 feb.	6 mar.	26 feb.
2ª de Cuaresma	25 feb.	16 mar.	1 mar.	21 feb.	12 mar.	25 feb.	17 mar.	9 mar.	22 feb.	13 mar.	5 mar.
3ª de Cuaresma	3 mar.	23 mar.	8 mar.	28 feb.	19 mar.	4 mar.	24 mar.	16 mar.	29 feb.	20 mar.	12 mar.
4ª de Cuaresma	10 mar.	30 mar.	15 mar.	7 mar.	26 mar.	11 mar.	31 mar.	23 mar.	7 mar.	27 mar.	19 mar.
5ª de Cuaresma	17 mar.	6 abr.	22 mar.	14 mar.	2 abr.	18 mar.	7 abr.	30 mar.	14 mar.	3 abr.	26 mar.
Domingo de Ramos	24 mar.	13 abr.	29 mar.	21 mar.	9 abr.	25 mar.	14 abr.	6 abr.	21 mar.	10 abr.	2 abr.
SAN JOSÉ	19 mar.	19 mar.	19 mar.	19 mar.	20 mar.	19 mar.	19 mar.	19 mar.	19 mar.	19 mar.	20 mar.
ANUNCIACIÓN DEL SEÑOR	8 abr.	25 mar.	**25 mar.**	5 abr.	25 mar.	9 abr.	**25 mar.**	25 mar.	5 abr.	25 mar.	25 mar.
DOMINGO DE PASCUA	31 mar.	20 abr.	5 abr.	28 mar.	16 abr.	1 abr.	21 abr.	13 abr.	28 mar.	17 abr.	9 abr.
2ª de Pascua	7 abr.	27 abr.	12 abr.	4 abr.	23 abr.	8 abr.	28 abr.	20 abr.	4 abr.	24 abr.	16 abr.
3ª de Pascua	14 abr.	4 may.	19 abr.	11 abr.	30 abr.	15 abr.	5 may.	27 abr.	11 abr.	1 may.	23 abr.
4ª de Pascua	21 abr.	11 may.	26 abr.	18 abr.	7 may.	22 abr.	12 may.	4 may.	18 abr.	8 may.	30 abr.
5ª de Pascua	28 abr.	18 may.	3 may.	25 abr.	14 may.	29 abr.	19 may.	11 may.	25 abr.	15 may.	7 may.
6ª de Pascua	5 may.	25 may.	10 may.	2 may.	21 may.	6 may.	26 may.	18 may.	2 may.	22 may.	14 may.
7ª de Pascua (Ascensión)	12 may.	1 jun.	17 may.	9 may.	28 may.	13 may.	2 jun.	25 may.	9 may.	29 may.	21 may.
PENTECOSTÉS	19 may.	8 jun.	24 may.	16 may.	4 jun.	20 may.	9 jun.	1 jun.	16 may.	5 jun.	28 may.
Lunes después Pentecostés	20 may.	9 jun.	25 may.	17 may.	5 jun.	21 may.	10 jun.	2 jun.	17 may.	6 jun.	29 may.
Comienza sem. del tpo. ord.	7ª sem.	10ª sem.	8ª sem.	7ª sem.	9ª sem.	7ª sem.	10ª sem.	9ª sem.	7ª sem.	10ª sem.	8ª sem.
Santísima Trinidad	26 may.	15 jun.	31 may.	23 may.	11 jun.	27 may.	16 jun.	8 jun.	23 may.	12 jun.	4 jun.
Cuerpo y Sangre de Cristo	2 jun.	22 jun.	7 jun.	30 may.	18 jun.	3 jun.	23 jun.	15 jun.	30 may.	19 jun.	11 jun.

CALENDARIO LITÚRGICO	2024	2025	2026	2027	2028	2029	2030	2031	2032	2033	2034
	B	C	A	B	C	A	B	C	A	B	C
9ª de tpo. ordinario	2 jun.	—	—	30 may.	—	3 jun.	—	—	30 may.	—	—
10ª de tpo. ordinario	9 jun.	—	7 jun.	6 jun.	—	10 jun.	—	—	6 jun.	—	11 jun.
11ª de tpo. ordinario	16 jun.	—	14 jun.	13 jun.	18 jun.	17 jun.	—	15 jun.	13 jun.	—	18 jun.
12ª de tpo. ordinario	23 jun.	22 jun.	21 jun.	20 jun.	25 jun.	24 jun.	23 jun.	22 jun.	20 jun.	19 jun.	25 jun.
13ª de tpo. ordinario	30 jun.	29 jun.	28 jun.	27 jun.	2 jul.	1 jul.	30 jun.	29 jun.	27 jun.	26 jun.	2 jul.
14ª de tpo. ordinario	7 jul.	6 jul.	5 jul.	4 jul.	9 jul.	8 jul.	7 jul.	6 jul.	4 jul.	3 jul.	9 jul.
15ª de tpo. ordinario	14 jul.	13 jul.	12 jul.	11 jul.	16 jul.	15 jul.	14 jul.	13 jul.	11 jul.	10 jul.	16 jul.
16ª de tpo. ordinario	21 jul.	20 jul.	19 jul.	18 jul.	23 jul.	22 jul.	21 jul.	20 jul.	18 jul.	17 jul.	23 jul.
17ª de tpo. ordinario	28 jul.	27 jul.	26 jul.	25 jul.	30 jul.	29 jul.	28 jul.	27 jul.	25 jul.	24 jul.	30 jul.
18ª de tpo. ordinario	4 ago.	3 ago.	2 ago.	1 ago.	6 ago.	5 ago.	4 ago.	3 ago.	1 ago.	31 jul.	6 ago.
19ª de tpo. ordinario	11 ago.	10 ago.	9 ago.	8 ago.	13 ago.	12 ago.	11 ago.	10 ago.	8 ago.	7 ago.	13 ago.
20ª de tpo. ordinario	18 ago.	17 ago.	16 ago.	15 ago.	20 ago.	19 ago.	18 ago.	17 ago.	15 ago.	14 ago.	20 ago.
21ª de tpo. ordinario	25 ago.	24 ago.	23 ago.	22 ago.	27 ago.	26 ago.	25 ago.	24 ago.	22 ago.	21 ago.	27 ago.
22ª de tpo. ordinario	1 sep.	31 ago.	30 ago.	29 ago.	3 sep.	2 sep.	1 sep.	31 ago.	29 ago.	28 ago.	3 sep.
23ª de tpo. ordinario	8 sep.	7 sep.	6 sep.	5 sep.	10 sep.	9 sep.	8 sep.	7 sep.	5 sep.	4 sep.	10 sep.
24ª de tpo. ordinario	15 sep.	14 sep.	13 sep.	12 sep.	17 sep.	16 sep.	15 sep.	14 sep.	12 sep.	11 sep.	17 sep.
25ª de tpo. ordinario	22 sep.	21 sep.	20 sep.	19 sep.	24 sep.	23 sep.	22 sep.	21 sep.	19 sep.	18 sep.	24 sep.
26ª de tpo. ordinario	29 sep.	28 sep.	27 sep.	26 sep.	1 oct.	30 sep.	29 sep.	28 sep.	26 sep.	25 sep.	1 oct.
27ª de tpo. ordinario	6 oct.	5 oct.	4 oct.	3 oct.	8 oct.	7 oct.	6 oct.	5 oct.	3 oct.	2 oct.	8 oct.
28ª de tpo. ordinario	13 oct.	12 oct.	11 oct.	10 oct.	15 oct.	14 oct.	13 oct.	12 oct.	10 oct.	9 oct.	15 oct.
29ª de tpo. ordinario	20 oct.	19 oct.	18 oct.	17 oct.	22 oct.	21 oct.	20 oct.	19 oct.	17 oct.	16 oct.	22 oct.
30ª de tpo. ordinario	27 oct.	26 oct.	25 oct.	24 oct.	29 oct.	28 oct.	27 oct.	26 oct.	24 oct.	23 oct.	29 oct.
31ª de tpo. ordinario	3 nov.	2 nov.	1 nov.	31 oct.	5 nov.	4 nov.	3 nov.	2 nov.	31 oct.	30 oct.	5 nov.
32ª de tpo. ordinario	10 nov.	9 nov.	8 nov.	7 nov.	12 nov.	11 nov.	10 nov.	9 nov.	7 nov.	6 nov.	12 nov.
33ª de tpo. ordinario	17 nov.	16 nov.	15 nov.	14 nov.	19 nov.	18 nov.	17 nov.	16 nov.	14 nov.	13 nov.	19 nov.
34ª de tpo. ord. (Cristo Rey)	24 nov.	23 nov.	22 nov.	21 nov.	26 nov.	25 nov.	24 nov.	23 nov.	21 nov.	20 nov.	26 nov.
	C	A	B	C	A	B	C	A	B	C	A
1ª de Adviento	1 dic.	30 nov.	29 nov.	28 nov.	3 dic.	2 dic.	1 dic.	30 nov.	28 nov.	27 nov.	3 dic.
2ª de Adviento	8 dic.	7 dic.	6 dic.	5 dic.	10 dic.	9 dic.	8 dic.	7 dic.	5 dic.	4 dic.	10 dic.
3ª de Adviento	15 dic.	14 dic.	13 dic.	12 dic.	17 dic.	16 dic.	15 dic.	14 dic.	12 dic.	11 dic.	17 dic.
4ª de Adviento	22 dic.	21 dic.	20 dic.	19 dic.	24 dic.	23 dic.	22 dic.	21 dic.	19 dic.	18 dic.	24 dic.
NATIVIDAD DEL SEÑOR	25 dic.	25 dic.	25 dic.	25 dic.	25 dic.	25 dic.	25 dic.	25 dic.	25 dic.	25 dic.	25 dic.
Sagrada Familia	29 dic.	28 dic.	27 dic.	26 dic.	31 dic.	30 dic.	29 dic.	28 dic.	26 dic.	30 dic.	31 dic.

VIGESIMOPRIMER DOMINGO. CICLO A

1. La pregunta sobre la identidad de Jesús
sigue siendo oportuna.
2. Si quieres saber de algo, rodéate de
quienes lo conocen bien.
3. Cristo es el origen y meta del universo.
A Él la gloria por los siglos de los siglos. Amén.

1. Pregunta oportuna, y nada vanidosa. Jesús no conoce pecado. *¿Quién dice la gente que es el Hijo del hombre?* (*Mt* 16, 13). Fue necesaria entonces y sigue resultando pertinente ahora.

En una entrevista realizada por un periódico económico a un político «progresista», declaraba que había tres figuras que le habían llevado al comunismo más radical, a la extrema izquierda. El primero había sido Jesucristo a través de la consideración juvenil de la obra teatral *Jesucristo superstar*. De ahí había pasado a la fascinación por el Che Guevara y finalmente, sin solución de continuidad y sin anestesia, así, a lo bruto, había cautivado su interioridad la figura del primer presidente socialista de España, Felipe González.

El recorrido a través de estas tres figuras históricas, más allá de lo poco razonable que resulta, hace oportuna la pregunta. ¿Quién dice la gente que es Jesucristo?

En los años sesenta, fue entendido por muchos bajo un espectro transgresor hippie, con pelo largo e ideas estrambóticas. Poco importaba si resucitaba o no, y sus milagros más bien parecían derrames de solidaridad que muestras de misericordia omnipotente. Jesús parece ser el primero en esa cadena donde «todo er mundo eh bueno», con tintes, eso sí, transgresores. Pero, ¿eso es verdaderamente Jesús?

Muchos otros consideran a Cristo como maestro de normas y leyes; un filósofo que permanecerá por los siglos y pensador universal. Dictó verdades profundas del espíritu humano, incluso más allá de lo que pudo decir Confucio o Buda. Es la sabiduría de occidente. Esta descripción de Cristo... ¿basta?

Más allá de lo que otros puedan decir, quizá convenga guardar silencio, suspender actividad, y responder despacito, en un tú a tú con Dios, a la pregunta personal que nos dirige a cada uno. Y tú, ¿quién dices que es el hijo del hombre?

2. En el mundo de la ciencia empírica, todos lo tienen claro. Si deseas opinar sobre un determinado asunto, vale la pena contar con el instrumental específico y la compañía adecuada. Pongamos algún ejemplo.

Si lo tuyo es la física cuántica, podrás experimentar mayor progreso en el curso de tus investigaciones si trabajas en el acelerador de partículas de Zurich que siendo labrador en Hospital de Órbigo. Es cierto que algunos científicos han sido brillantes en medio de situaciones muy cotidianas, pero en seguida necesitaron de los medios adecuados para hacer progresar sus conocimientos.

Por eso, poner en continuidad a Jesús con Ché Guevara, y finalmente coronarlo con Felipe González, es como si yo me pusiera a hablar, con propiedad y buena dicción, del *bosón de Higgs*, poniéndolo en relación con el cocido madrileño y las playas croatas. Podría consultar Wikipedia y disimular un rato... pero solo unos instantes bastarían para poner de manifiesto mi incultura. Con toda seguridad, no me darían un nobel por ello.

En el tema religioso, pasa lo mismo. No vale decir cualquier cosa de Jesús, como si todo fuera legítimo. También el estudio de la historia, y de la fe, tiene sus propias leyes. A la pregunta sobre quién es Cristo, hay respuestas equivocadas y hay contestaciones acertadas.

El modo de poder llegar a lo íntimo de la identidad de Jesucristo es la pertenencia a la iglesia. Nadie considerará extraño que para progresar en estudios médicos sea bueno ingresar en la Facultad de medicina. Del mismo modo, nadie debería considerar raro que adelantar en el conocimiento de Cristo y ser miembro de la iglesia sean conceptos casi sinónimos.

¿Quieres poder llegar a responder quién es Cristo para ti? Procura vivir más intensamente la Eucaristía dominical o diaria, y trata de participar más intensamente de la formación y vida que la iglesia te ofrece.

3. Jesucristo es el Mesías, el hijo de Dios vivo. Así respondió Pedro, y así tenemos que llegar a ser capaces de responder nosotros, sinceramente: Tú eres para mí la esperanza y la vida, el Mesías; mi hermano, mi consuelo, mi compañero, mi todo. Jesucristo es quien camina junto a mí por las sendas de la vida, me otorga su perdón y me conduce con su gracia. Jesucristo, en definitiva, es, mi Dios y mi todo.

Señor, tu misericordia es eterna, no abandones las obras de tus manos, reza la respuesta al salmo de hoy (*Sal* 138, 8). *¡Qué abismo de riqueza, de sabiduría y de conocimiento el de Dios!*, afirma el apóstol en la segunda lectura (*Rm* 11, 33). *¡Qué insondables sus decisiones y qué irrastreables sus caminos!* (*Ibid.*).

Es un gesto de infinita misericordia que nosotros hallamos conocido a Jesucristo, y que sepamos, gracias a ese abismo de generosidad, que Él es verdadero Dios y verdadero hombre, camino, verdad y vida.

Él es el origen, guía y meta del universo. A él la gloria por los siglos de los siglos. Amen. Pidamos a Dios una fe más cuidadosa, una creencia más cierta. Entonces podremos, con el apóstol, dar gracias al Dios omnipotente y cantar su gloria, porque ha deseado contarnos entre los suyos, y mostrarnos su maravillosa identidad de Dios amor.

VIGESIMOPRIMER DOMINGO. CICLO B

1. El tesoro oculto de una iglesia de pueblo.

2. Ávidos de adoración.

3. Os lo pido, os lo suplico: recuperad lo sagrado.

1. La noticia corrió como la pólvora en el pequeñísimo pueblo de poco más de cien habitantes: en la iglesia se escondía un tesoro grandísimo. Durante la realización de unas obras en el muro derecho de la nave central de la pequeña parroquia habían descubierto unos frescos medievales, valiosos, ocultos durante siglos.

Todo el mundo estaba esperando cuando, por fin, llegaron los expertos del ministerio de cultura. Examinaron las pinturas que habían quedado a la vista, y resolvieron la demolición del muro, que era puramente ornamental y servía para sostener una sencilla bóveda que, obviamente, fue necesario eliminar.

Cuando los trabajos concluyeron se descubrió toda una pared intacta donde se describía, a través de pinturas de gran valía gran parte del Antiguo Testamento: la creación, el pecado, Caín y Abel... Los trabajos eran concluyentes: se trataba de una pieza única del Medioevo.

En el bar de la señora Alberta no se hablaba de otra cosa: la belleza de los frescos, lo importante que iba a llegar a ser el pueblo con el nuevo hallazgo... el entusiasmo de los pobladores iba en aumento, gozándose juntos por haber encontrado el tesoro escondido en los muros de su sencilla parroquia.

Un muchacho de no más de nueve años que escuchaba a ratos, con aparente indiferencia, pero, a la vez, con profundo interés por la conversación de los mayores, intervino con la máxima simplicidad: «Cuando habláis de que hay un tesoro escondido en la parroquia, ¿os referís al pan que hay en el Sagrario?».

El bar enmudeció. El niño, en su inocencia, puso de relieve algo de sentido sobrenatural de la conversación. El tesoro más grande de esa iglesia y de todas las iglesias del mundo es la presencia de Dios en sus tabernáculos, presencia real y viva, presencia capaz de transformar las almas de los orantes. Grandes catedrales, pequeños oratorios: da igual, en todas, una misma presencia, Jesucristo sacramentado.

Los pobres, los enfermos, las viudas, las multitudes se amontonaban junto al camino esperando, sencillamente esperando, que Cristo pasase y poder participar de su potencia; poder confiarle sus necesidades.

Otros muchos trataban de ponerse al menos bajo la sombra de los apóstoles para encontrar su curación, y gritaban a Pedro y a Juan que tuvieran compasión de ellos...

Nosotros, querido lector, no solo vemos a Cristo, es más, ¡lo comemos! Qué estupor... las piernas tiemblan solo de pensar en recibir al rey de reyes y al señor de señores.

Cada domingo, cada día. Jesús humilde. Dios con nosotros.

2. Las palabras que Jesús quiere dirigirnos, cuando lo contemplamos en el Sagrario, cuando lo adoramos expuesto en la custodia, *son espíritu y vida*.

Nuestra alma descansa y el corazón se enternece en el silencio de la contemplación de Dios que se hace pan. Como decía Benedicto XVI «estar todos en silencio prolongado delante del Señor presente en su Sacramento es una de las experiencias más auténticas de nuestro ser iglesia (…). Para comulgar verdaderamente con otra persona debo conocerla, saber estar en silencio junto a ella, escucharla, mirarla con amor. El verdadero amor y la verdadera amistad viven siempre de esta reciprocidad de miradas, de silencios intensos, elocuentes, llenos de respeto y de veneración, de tal modo que el encuentro es vivido profundamente de un modo personal y no superficial»[1].

Como busca la cierva corrientes de agua, así mi alma te busca a ti, Dios mío (*Sal* 42, 2), y quiere encontrarte en el sacramento, en la adoración silenciosa. «Te busco con la insistencia de quien todos los días se arrodilla delante del Tabernáculo con la esperanza de escuchar tu palabra en el silencio. Te busco, Jesús Eucaristía, con amor y perseverancia auténticas, porque sé que estás ahí, que me escuchas y me amas, que me miras y me cuidas. Sí: Jesús en el Sagrario y para mí la alegre experiencia de adorarlo, de encontrarlo, de amarlo.

Cristianos ávidos de adoración, deseosos de postrarse ante alguien que, siendo más grande que nosotros, se ha hecho pequeño, muy pequeño: trigo, pan, hostia, holocausto».

---

[1] Benedicto XVI, *Homilía* (7-6-2012).

3. Promesas; promesas de amor a Jesús Eucaristía. Ahí va una bien concreta: determínate a recuperar lo sagrado.

Jesús dice en el evangelio que nadie va a Él si el Padre no lo atrae; renovemos con nuestro respeto lo atractivo de la presencia eucarística de Cristo.

Impone, ¡atrae!, ver a una persona joven rezar de verdad: no solo un discurso intelectual y distraído sino el compromiso de toda nuestra vida delante de Dios que nos escucha.

Pídele a Dios que tu conducta en la iglesia sea digna de su presencia: tu modo de vestir (termina el verano y podrás examinar si tu compostura reflejaba que ibas a ver a Dios *de verdad* cuando entrabas así vestida o así vestido en el templo...), cómo haces la genuflexión, si guardas silencio reverente en el templo, cómo te pones de rodillas o te sientas, si eres lo suficientemente sensato para apagar el móvil, *porque estás* –recuérdalo– *en la casa de Dios.*

La comunicación de la belleza y de la grandeza de la fe católica depende de la capacidad que tengamos de mostrar que existe algo más grande, más bello, lleno de gracia y de verdad, atractivo y, a la vez, cercano, íntimo, paz y luz para los corazones de los hombres.

Y eso dependerá (y mucho) de lo idóneos que seamos de transmitir que la iglesia (el Sagrario) y la liturgia son un lugar privilegiado y extraordinario de encuentro con Dios. Un lugar solemne. Un encuentro sagrado.

Propósitos. Propósitos concretos para amar la Eucaristía con veneración e intimidad.

VIGESIMOPRIMER DOMINGO. CICLO C

1. El Espíritu que conduce a la cima del Amor no es ajeno al esfuerzo humano.
2. Estar cerca de Dios y haber comprendido poco o nada.
3. La puerta de la santidad.

1. *Esforzaos en entrar por la puerta estrecha* (*Lc* 13, 24) y… ¿cuál es el esfuerzo que hay que realizar? Sin duda, el del trabajo bien hecho y la piedad sincera. ¿Y cuál es la puerta por la que hemos de pasar para llegar al cielo? La santidad.

El Espíritu Santo que conduce a la cima del Amor de Dios pone su fundamento, siempre, en el esfuerzo humano: porque no gusta de violentar la naturaleza creada; porque Dios es amigo de los hombres.

«Tuvo lugar durante la última Jornada Mundial de la Juventud, en Madrid. No es fácil olvidar la vigilia de oración con los jóvenes en Cuatro Vientos y el tremendo temporal que se formó, empapando literalmente a todos los presentes y obligando a cancelar buena parte del acto. La organización del evento había llevado más de un año de trabajo. Se habían traído jóvenes de los cinco continentes para que dieran un testimonio que sirviera a todos los presentes; ellos mismos formularon unas muy cuidadas preguntas, que tocaban las principales preocupaciones de los jóvenes; el Santo Padre había preparado cuidadosamente las respuestas, de modo tan penetrante como significativo. Y cuando todo estaba listo y más de un millón de jóvenes estaban dispuestos a escucharle... se desata la tormenta y hay que anularlo todo. ¿Un fracaso? Al Papa no se lo debía parecer: en pleno diluvio, bajo los paraguas, sonreía, ¡se estaba riendo! Por supuesto, es una buena muestra de su buen humor... pero no solamente. En mi opinión, Benedicto XVI sonreía por una razón tan sencilla como profunda: porque, para un hombre de fe, es claro que ni el testimonio creíble ni las elocuentes palabras van a llegar por sí mismas al corazón de los jóvenes. El único que puede introducirlas ahí es el Espíritu de Dios, y Éste, ya se sabe, *sopla donde quiere* (*Jn* 3, 8).

La escena muestra al mismo tiempo el espíritu de la nueva evangelización: optimismo, esfuerzo por vivir y comprender el cristianismo aquí y ahora para presentarlo de modo significativo, confianza en Dios. Así, una vez que se ha puesto todo lo que está de nuestra parte, hay que dejar en sus manos el mejor modo de acercarse a las personas. Ciertamente, el silencio de adoración que siguió a la lluvia en Cuatro Vientos fue mucho más elocuente que todos los discursos que estaban preparados. Sin embargo, ¿se hubiera dado ese silencio, ese grito del Espíritu, sin aquel esfuerzo humano?»[1].

---

[1] L. Buch, *Los escenarios de la nueva evangelización*, Madrid 2013, pp. 198-199.

Digámoslo de otra manera: ¿pones los medios humanos para que el Espíritu pueda manifestarse en tu vida con toda su fuerza?

2. En el evangelio son numerosas las advertencias dirigidas contra los individuos que, creyéndose salvados por justos, quizá acaben siendo condenados. Hoy, en particular, la invectiva va dirigida a un colectivo muy amplio: muchos intentarán entrar y no podrán. Son los que, formando parte del pueblo elegido, manifiestan una pasión nula por las cosas de Dios. Cuando se habla de ellas, se detienen solo en detallar cargas y obligaciones. Desconocen la gracia de Dios y la ternura de su obrar. No se reconocen como hijos de Dios.

Paradigma de esta conducta es la figura literaria del hijo mayor de la parábola del Padre bueno. No por ficticia es menos real. Representa a todos aquellos que, estando en casa, parecen enterarse de poco. No viven como hijos. La vida cristiana les parece pesada, los mandamientos insufribles y los sacramentos una condena. Desearían ser fugitivos, furtivos, vagabundos. Pero son cobardes: no se atreven. Saben que no deben hacerlo, pero tampoco gustan del cálido hogar que Dios les procura.

No son los únicos. En otra parábola Jesús cuenta que unos trabajadores fueron contratados a primera hora, otros a mediodía y otros al caer la tarde. A todos les pagaron lo mismo. Esta *injusticia* divina fue notada por los primeros, que no dejaron de lamentarse al patrón reclamando «justicia»: ellos han soportado el calor del día y el peso del trabajo, los últimos no, ¿cómo van a cobrar igual? Jesús nada les dijo; pero ganas entran de exclamar a voz en cuello: «¿Pero no os dais cuenta de que no hay cosa más bella que trabajar, con sudor y penalidades –¡como sea!– para el Dios que es infinitamente bueno? ¿Es que no lo veis?».

Podemos seguir explorando el texto sagrado para encontrar más casos... o bien detenernos y hacer un profundo acto de contrición. Pidamos a Jesús que sus mandamientos, su Amor, jamás nos sean pesados. No es tan difícil. San Juan descubre el secreto a los primeros cristianos en una de sus cartas: basta descubrir el Amor que nos tiene, y dejarse amar por Dios.

3. El esfuerzo busca la única meta: la santidad en esta tierra, para que los pueblos conozcan la justicia, la historia se desarrolle en paz, y mi alma pueda tocar el cielo cuando Dios la llame a su presencia. La santidad tiene inmediatas repercusiones sociales, porque construye de inmediato un mundo mejor.

«Si en cada nación hubiera un grupo de padres de familia santos, de médicos santos, de arquitectos santos, de obreros santos, estarían resueltos todos los problemas»[2], predicaba san Josemaría durante su estancia obligada en la legación de Honduras durante la guerra civil española.

«Basta un puñadito de sal para sazonar la comida de muchos. Para conferir un nuevo sabor al mundo serán necesarios relativamente pocos; pero esos pocos, obedeciendo a la Voluntad de Dios, habrán de ser, efectivamente, sal que cura y que sazona [...]. Si ejercemos nuestro apostolado, entonces cambiará el aspecto del mundo y, a este desorden y a estas miserias, sucederá

---

[2] *Camino, edición crítica*, punto 301.

la paz y la felicidad cristianas. Entonces, se extenderá la paz».

Tales consideraciones rondaban la cabeza del autor de *Camino* poco antes de que, por escrito, estampara el consejo que ilustra nuestra oración:

«Un secreto. —Un secreto, a voces: estas crisis mundiales son crisis de santos.

—Dios quiere un puñado de hombres "suyos" en cada actividad humana. —Después... "pax Christi in regno Christi" —la paz de Cristo en el reino de Cristo».

«Dadme diez santos y cambiaré la ciudad de Londres», decía el cardenal Newman. Aplica la proporción a tu entorno y es muy posible que con los buenos amigos que tienes, y tu decisión firme de seguir del todo a Jesús, algo cambie a tu alrededor. No te empequeñezcas por la dificultad de los tiempos. Acuérdate de que nosotros somos de esos que habla el evangelio: *y vendrán de oriente y occidente, del norte y del sur, y se sentarán a la mesa en el reino de Dios* (*Lc* 13, 29). Tú y yo estamos invitados al convite; no vayamos a faltar a la cita por nuestra falta de esfuerzo, por nuestra falta de fe.

VIGESIMOPRIMERA SEMANA. LUNES

1. Trampas al solitario.
2. Para estar más cerca de Dios.
3. Posibles tentaciones.

1. El evangelio de Mateo se estructura a través de cinco grandes discursos. El pasaje que leemos hoy corresponde al último de esos discursos, llamado escatológico, y que el evangelista sitúa ya en las proximidades de la Pasión. Se trata, en un primer momento, de una discusión con los escribas y fariseos.

Los fariseos no gozan de muy buena fama, incluso en nuestro vocabulario ha quedado la palabra como algo peyorativo. Sin embargo, no debemos cargar las tintas contra ellos olvidando su deseo de servir a Dios. Formaban parte de esa élite, y así se concebían así mismos, que en teoría más cerca estaba de Dios y cuya misión era, precisamente, ayudar al pueblo en su camino hacia Dios. Sin embargo, con el paso del tiempo habían perdido esa fuerza espiritual y se habían ido encerrando en normas y tradiciones sin alma.

La actitud de los fariseos nos invita a cada uno a realizar un profundo examen de conciencia; todos podemos desviarnos, todos podemos perder el horizonte, reduciendo la fe a unas prácticas y sucumbiendo al propio engaño; en lenguaje popular diríamos que todos somos susceptibles de hacernos trampas al solitario.

Por eso la Iglesia, que es Madre y Maestra, ha enseñado siempre la bondad de abrir nuestra alma a otra persona para que nos ayuden en nuestro camino de santidad, para que nos pongan delante de nuestra verdad y podamos de verdad avanzar.

«Sigue siendo válida para todos –sacerdotes, personas consagradas y laicos, y especialmente para los jóvenes– la invitación a recurrir a los consejos de un buen padre espiritual, capaz de acompañar a cada uno en el conocimiento profundo de sí mismo, y conducirlo a la unión con el Señor, para que su existencia se conforme cada vez más al evangelio. Para ir hacia el Señor necesitamos siempre un guía, un diálogo. No podemos hacerlo solamente con nuestras reflexiones. Y este es también el sentido de la eclesialidad de nuestra fe, de encontrar este guía»[1]. Si tienes esa dirección espiritual, mira cómo la estás viviendo. Si no la tienes a lo mejor es el momento.

2. Hay que entender bien qué es la dirección espiritual. No se trata de que alguien me diga lo que debo hacer (de este modo, a modo de autómata, perdería mi libertad y responsabilidad); tampoco se trata de una terapia psicológica a modo de *coaching*; no es una pura conversación de amigos (aunque la confianza y la amistad deben estar presentes), sino un medio del que el Espíritu Santo se

---

[1] BENEDICTO XVI, *Audiencia general* (16-9-2009).

sirve para que yo –libre y voluntariamente– responda a la acción de Dios. Cada uno es sujeto activo en esta conversación de dirección espiritual; puesto que solo cada uno es «responsable» de su santidad.

«Aunque suene obvio, el acompañamiento espiritual debe llevar más y más a Dios, en quien podemos alcanzar la verdadera libertad. Algunos se creen libres cuando caminan al margen de Dios, sin advertir que se quedan existencialmente huérfanos, desamparados, sin un hogar donde retornar siempre. Dejan de ser peregrinos y se convierten en errantes, que giran siempre en torno a sí mismos sin llegar a ninguna parte. El acompañamiento sería contraproducente si se convirtiera en una suerte de terapia que fomente este encierro de las personas en su inmanencia y deje de ser una peregrinación con Cristo hacia el Padre.

»Más que nunca necesitamos de hombres y mujeres que, desde su experiencia de acompañamiento, conozcan los procesos donde campea la prudencia, la capacidad de comprensión, el arte de esperar, la docilidad al Espíritu, para cuidar entre todos a las ovejas que se nos confían de los lobos que intentan disgregar el rebaño. Necesitamos ejercitarnos en el arte de escuchar, que es más que oír. Lo primero, en la comunicación con el otro, es la capacidad del corazón que hace posible la proximidad, sin la cual no existe un verdadero encuentro espiritual. La escucha nos ayuda a encontrar el gesto y la palabra oportuna que nos desinstala de la tranquila condición de espectadores. Solo a partir de esta escucha respetuosa y compasiva se pueden encontrar los caminos de un genuino crecimiento, despertar el deseo del ideal cristiano, las ansias de responder plenamente al amor de Dios y el anhelo de desarrollar lo mejor que

Dios ha sembrado en la propia vida (...). El auténtico acompañamiento espiritual siempre se inicia y se lleva adelante en el ámbito del servicio a la misión evangelizadora»[2].

3. Obviamente, como sucede siempre que abrimos nuestra intimidad, surgen las tentaciones: miedo, vergüenza, temor a ser juzgado, deseos de callar cosas o de maquillarlas, rehusar a decir la verdad... Pero en este caso no debemos olvidar dos principios muy básicos pero fundamentales: primero, que el fin de esa dirección espiritual es mi santidad; si quiero ser santo debo poner toda la carne en el asador (como cuando voy al médico y no le oculto mis dolores y heridas). Segundo, que la persona que me escucha, asistida por la gracia, solo quiere ayudarme, no hay juicio, ni crítica; nada.

Puestos como somos delante de quien nos escucha, tenemos que estar dispuestos a oír cosas que no nos gusten, que nos abran horizontes que nos exijan más de lo que estamos dando, incluso, a veces, tendremos que ponernos colorados al reconocer ciertas cosas que hemos hecho mal. Y a la vez ser dóciles a la voz del Espíritu Santo que puede llegarnos a través de sus palabras, de un consejo que nos da o de una lectura que nos recomienda.

Piensa cuánto bien ha hecho –y como influyó decisivamente en su vida– la dirección espiritual en los santos: Santa Teresa de Jesús con los jesuitas, San Juan Bosco con San José Cafasso. Parafraseando un adagio clásico:

---

[2] Papa Francisco, *Evangelii Gaudium,* nn. 171 y 173.

«detrás de todo santo se esconde un gran director espiritual».

«Conviene que conozcas esta doctrina segura: el espíritu propio es mal consejero, mal piloto, para dirigir el alma en las borrascas y tempestades, entre los escollos de la vida interior.

Por eso es Voluntad de Dios que la dirección de la nave la lleve un Maestro, para que, con su luz y conocimiento, nos conduzca a puerto seguro»[3].

---

[3] *Camino* 59.

VIGESIMOPRIMERA SEMANA. MARTES

1. Buscad buenos pastores.
2. Un director espiritual inteligente y prudente.
3. ¿De qué hablo? De fe, pureza y vocación.

1. Hay un fenómeno que tiene entretenidos a algunos sociólogos y a otros investigadores de la conducta humana. Las *series* en internet se han convertido en un reclamo para gente de toda edad, pero fundamentalmente jóvenes: las productoras comienzan a invertir más dinero en estas pequeñas películas que en los *films* tradicionales. Lo cierto es que hay *series* buenísimas: todas a disposición del vidente con un solo clic.

Los modelos que allí se presentan son, en muchas ocasiones, muy ajenos a lo que podríamos llamar «el estilo evangélico». Se admite con bastante normalidad la infidelidad, el divorcio, la superficialidad y unos patrones de conducta que no nos ayudan nada en nuestra vida cotidiana. Son, las más de las veces, modelos ficticios, hombres y mujeres vacíos. Poco a poco nos inducen a ver como normal... cosas que no lo son ni lo deben ser.

Jesús condena en el evangelio de hoy a los fariseos: *¡Guías ciegos, que filtráis el mosquito y os tragáis el camello!* (*Mt* 23, 24). Quizás hoy podría decir lo mismo de quien se deja formar por algunas *series* donde lo habitual es ser un «perfecto superficial».

Es necesario, hoy como siempre, encontrar buenos pastores que nos ayuden a estar limpios por dentro, que nos enseñen a ser personas de criterio capaces de dominar nuestras emociones, tener sosiego interior y comunicar paz a los demás.

El amigo fiel, dice la Escritura, es una fuerte protección, quien lo encuentra, encuentra un tesoro (cfr. *Si* 6, 14) Y comenta San Francisco de Sales: el amigo fiel es bálsamo de vida y de inmortalidad; aquellos que temen al Señor lo encuentran. Encontrar una persona fiel que dirija nuestras acciones con sus exhortaciones y consejos, nos evitará caer en los engaños del enemigo y será un tesoro en nuestras aflicciones y caídas; será el bálsamo para aliviar y consolar nuestro corazón en la dificultad espiritual, nos protegerá del mal y nos ayudará a alcanzar el bien y, si cualquier enfermedad nos golpea, impedirá que llegue a ser mortal: él nos curará[1].

¿Pero se puede encontrar un amigo así? Los humildes que desean avanzar lo encontrarán y se llama dirección espiritual.

2. «La dirección espiritual tiene una función hermosísima y, podría decirse, indispensable para la educación moral y espiritual de la juventud, que quiera interpretar y seguir con absoluta lealtad la vocación, sea cual fuese de la propia vida; esta conserva siempre una importancia beneficiosa en todas las edades de la vida, cuando,

---

[1] Cfr. San Francisco de Sales, *Filotea. Introduzione alla vita devota*, Milano 2010[15], 29-30.

junto a la luz y a la caridad de un consejo piadoso y prudente, se busca la revisión de la propia rectitud y el aliento para el cumplimiento generoso de los propios deberes»[2].

Busca un director espiritual, que puede ser un sacerdote o una persona de vida interior. Busca alguien que no sea condescendiente con tus errores, que te escuche y te exija, que sea capaz de fijar un objetivo en tu lucha y ayudarte a mantenerla.

Dos características fundamentales deben iluminar la figura del buen director: la inteligencia y la prudencia. Inteligencia (o experiencia) para poder conocer en lo profundo, dar con las causas de lo que te ocurre y saber por dónde debe llevarte. Prudencia para darte los consejos oportunos y guardar la necesaria discreción que requiere conocer tu propia vida interior.

¡Ojalá te decidas pronto y comiences a practicar la dirección espiritual! Se constante. Procura ir cada quince días, no más de tres semanas… «fija la fecha siempre en la última entrevista con el sacerdote», y procura que nunca pase más de un mes. Menos que eso… es nada.

3. Muchas personas consideran que la dirección espiritual es contar las preocupaciones. Pero eso es solo un apartado, en concreto el último, de esta confidencia del alma.

Lo primero y más importante que compone este diálogo, que por cierto es distinto de la confesión, es todo lo relativo a la «fe y la vida de piedad». De lo primero que

---

[2] Juan Pablo II, *Pastores dabo nobis,* n. 81.

debe hablarse es de los compromisos que hicimos con Dios: de los afectos y propósitos de la oración personal de cada día, del trato con la Virgen María, de la presencia de Dios durante el día, de la mortificación pequeña y diaria. El segundo capítulo es la «pureza»: la castidad (cómo es tu mirada, si tropezaste en algo, ya de imaginación, ya de obra) y la pureza de intención, reconociendo nuestro eventual orgullo o, por el contrario, el deseo verdadero de buscar todo y solo la gloria de Dios. Finalmente, tu «vocación hoy»: de estudiante o de trabajador, de novio o de casado, de soltero o de célibe... lo que sea. Si trabajas o estudias bien (y lo ofreces), si hay orden en tu cuarto, la puntualidad, y todo ese universo de cosas pequeñas que componen la vida cotidiana.

Al final, si hay tiempo, podrás comentar eso que te preocupa y agobia. La dirección espiritual también es, por supuesto, consuelo y medicina para esas cosas.

En la propia vida –decía Juan Pablo II– no faltan las oscuridades e, incluso, las debilidades. Es el momento de la dirección espiritual. Si se habla confiadamente, si se exponen con sencillez las luchas interiores, se sale siempre adelante, y no habrá obstáculo ni tentación que logre apartarnos de Cristo[3].

---

[3] Cfr. Juan Pablo II, *Carta a los seminaristas de España,* Valencia 1982.

VIGESIMOPRIMERA SEMANA. MIÉRCOLES

1. *Vivir el tiempo presente.*
2. *No condenar la actuación de nuestros padres.*
3. *Tampoco considerar el tiempo pasado como mejor.*

1. El elemento esencial por el que Cristo critica tan duramente a los fariseos, al menos en el evangelio de hoy, es su horrenda hipocresía. En efecto, Jesús ilustra su denuncia con ejemplos llenos de plasticidad: *por fuera tenéis buena pinta, porque parecéis justos en vuestro obrar, pero por dentro sois huesos y podredumbre, oléis tan mal como el peor de los sepulcros, porque estáis llenos de hipocresía y crímenes* (*Mt* 23, 27-28). Resulta natural pensar que los oyentes se estremecerían ante estas palabras y que los aludidos incrementarían su odio por el Maestro galileo. ¿Quién podrá soportar impertérrito semejante ataque?

En realidad, estas cosas son tan sabidas, que la lengua de Cervantes ha conservado el apelativo «farisaico» como sinónimo de «hipócrita». Sin embargo, es posible anotar un elemento del texto sagrado que puede pasar inadvertido al lector poco atento. Jesús califica nuevamente de hipócritas a los escribas y fariseos por condenar los tiempos pasados.

Si hubiéramos vivido en tiempo de nuestros padres, no habríamos sido cómplices suyos en el asesinato de los profetas (*Mt* 23, 30), decía la jerarquía judía. A esto, responde el Salvador duramente, afirmando que quienes dicen esto son los hijos de aquellos, y obran exactamente igual o peor: *¡Colmad también vosotros la medida de nuestros padres!* (*Mt* 23, 32).

De este modo, se abren a nuestra consideración dos aspectos de interés para la vida espiritual, aparentemente contrarios, pero de idéntica relevancia. Es hipócrita y falso pensar que los tiempos pasados fueron nefastos y juzgarlos a la ligera. Pero es igualmente zafio pensar que cualquier tiempo pasado fue mejor, y lamentar el tiempo presente como si fuera una tortura indecible.

Comenzamos nuestro diario rato de oración. Se trata de buscar quietud, hacer silencio y armarse de valor para considerar las durísimas palabras de Jesús. Sin miedo, piensa: ¿condeno a los que me precedieron como ignorantes o torpes? ¿Lamento la vida presente como si fuera solo reliquia de un pasado mejor?

2. Los escribas y fariseos condenaban a sus antepasados por el asesinato de los profetas. Ni uno solo había salido vivo de su predicación. Ninguno. Todos sufrieron muerte violenta, alguno incluso dentro del más sagrado de los lugares: el templo.

Con razón «se llaman raza de víboras, porque tal es la naturaleza de las víboras, que sus hijos, al nacer, rompen el vientre de su madre. Así también los judíos, al reprender las acciones de sus padres, los condenan. Dice, pues [Cristo]: ¿Cómo huís del juicio del infierno? ¿por ventura edificando sepulcros a los santos?»[1].

Cristo les advierte de que ellos colmarán la medida de sus padres... al no creer en Él. Los antiguos no creyeron en los enviados de Dios, pero ellos no darán asentimiento al mismo Verbo de la vida, al Hijo amado del Padre.

Lo que mueve el alma en su deseo del Cielo no es la construcción de mausoleos sin espíritu, sino la piedad. Esta virtud polifacética muestra una de sus caras más amables en lo referido al respeto por los padres y a la veneración de los mayores. Condenando la conducta de quienes nos dieron la vida no ganamos nada y cometemos, muy probablemente, una lamentable injusticia.

Atiende a las palabras de la Escritura, y pídele a Dios luces y gracias para llevarla a cabo: *Hijo, cuida de tu padre en su vejez y durante su vida no le causes tristeza. Aunque pierda el juicio, sé indulgente con él y no lo desprecies aun estando tú en pleno vigor. Porque la compasión hacia el padre no será olvidada y te servirá para reparar tus pecados* (*Si* 3, 12-14).

3. Hemos de estar advertidos también del otro extremo: considerar mejor que el nuestro cualquier tiempo pasado. Normalmente este juicio de la realidad es fruto del desconsuelo ante el tiempo presente y de las congojas de una vida cuyo sentido es difícil vislumbrar.

Sin embargo, «las aflicciones y tribulaciones que a veces sufrimos nos sirven de advertencia y correc-

---

[1] Pseudo-Crisóstomo, *Opus imperfectum im Matthaeum*, hom. 45, en *Catena Aurea Mt* 23, 32.

ción. La sagrada Escritura, en efecto, no nos promete paz, seguridad y tranquilidad, sino que el evangelio nos anuncia aflicciones, tribulaciones y pruebas; pero *el que permanezca firme hasta el fin se salvará*. ¿Qué ha tenido nunca de bueno esta vida, ya desde el primer hombre, desde que este se hizo merecedor de la muerte, desde que recibió la maldición, maldición de la que nos ha liberado Cristo el Señor?

»No hay que murmurar, pues, hermanos *como murmuraron algunos* –son palabras del Apóstol– *y perecieron mordidos por las serpientes* (*1 Co* 10, 10). Los mismos sufrimientos que soportamos nosotros tuvieron que soportarlos también nuestros padres; en esto no hay diferencia. Y, con todo, la gente murmura de su tiempo, como si hubieran sido mejores los tiempos de nuestros padres. Y si pudieran retornar al tiempo de sus padres, murmurarían igualmente. El tiempo pasado lo juzgamos mejor, sencillamente porque no es el nuestro.

»Si ya has sido liberado de la maldición, si ya has creído en el Hijo de Dios, si ya has sido instruido en las sagradas Escrituras, me sorprende que tengas por bueno el tiempo en que vivió Adán. Y tus padres cargaron también con el castigo merecido por Adán. Sabemos que a Adán se le dijo: *Con sudor de tu frente comerás el pan y trabajarás la tierra de la que fuiste sacado; brotará para ti cardos y espinas* (*Gn* 3, 17-18). Esto es lo que mereció, esto recibió, esto consiguió por el justo juicio de Dios. ¿Por qué piensas, pues, que los tiempos pasados fueron mejores que los tuyos? Desde el primer Adán hasta el de hoy, fatiga y sudor, cardos y espinas. ¿Acaso ha caído sobre nosotros el diluvio? ¿O aquellos tiempos difíciles de hambre y de guerras, de los cuales se escribió precisamente para que no murmuremos del tiempo presente contra Dios?

»¡Cuáles fueron aquellos tiempos! ¿No es verdad que todos, al leer sobre ellos, nos horrorizamos? Por esto, más que murmurar de nuestro tiempo, lo que debemos hacer es congratularnos de él»[2].

Lo escribió san Agustín en el siglo IV. ¿No te parece actual?

---

[2] S. Agustín, *Sermones* (PLS 2, 441-552)

VIGESIMOPRIMERA SEMANA. JUEVES

1. *No esperes al final.*
2. *Siempre preparado.*
3. *Un buen ejército requiere de un buen general.*

1. Al leer las palabras del Señor en el evangelio me han venido a la cabeza la trama, más o menos semejante, de un par de películas en las que el protagonista se entera de cuánto tiempo de vida le queda, y con ello la pregunta inmediata de qué hacer con el tiempo que resta hasta que le llegue la hora. Al principio suelen decidirse por aprovecharse de esta circunstancia para hacer lo que les viene en gana. Pero, de un modo u otro, terminan dándose cuenta de que lo mejor que pueden hacer es emplear el poco tiempo que tienen para cambiar todo aquello que no les gusta de sí mismos y de lo que han hecho antes. Y claro entonces el tiempo se hace tan breve y la tarea tan grande, que la pregunta es inevitable: ¿por qué esperar hasta el último momento para tratar de ser mejores? ¿No hubieran vivido más tranquilos si siempre hubieran procurado hacer lo que realmente les daba paz?

Pues algo así puedes aplicarte a ti mismo a propósito del evangelio de hoy. Jesús quiere decir a sus discípulos –te lo quiere decir a ti– que tienen que estar preparados: *estad también vosotros preparados, porque a la hora que menos penséis viene el Hijo del hombre* (*Mt* 24, 44). Por eso, no quieras ser como los protagonistas de aquellas películas. No esperes. Empieza desde ahora, desde este mismo instante en que haces este rato de oración; empieza a prepararte porque no sabes del tiempo que dispones. No se trata de que vivas angustiado o agobiado, sino de que tengas presente esta perspectiva, que en el fondo es perspectiva de eternidad a la hora de vivir tu vida cotidiana. Encuentra el sentido divino de las cosas y busca no dejar para más adelante las cosas que verdaderamente importan. El tiempo que Dios te da es un tesoro inmenso, aprovéchalo bien.

2. Claro que, es posible que, al menos por un momento, hayas pensado que todo sería más sencillo si conociéramos cuándo nos va a llamar el Señor a su presencia, porque así aprovecharíamos mejor el tiempo que tenemos y seríamos más conscientes de todo. Como el ciclista que sabiendo cuánto le queda para la meta regula su esfuerzo para llegar, si es que anda justo de fuerzas, o se exprime del todo porque ve que ya le falta poco. Pero, lo cierto es que Jesús no ha querido eso ni para ti ni para ninguno de sus discípulos. Y si a algunos santos les ha revelado el momento de su muerte ha sido una delicadeza hacia ellos para alimentar su deseo de estar con Él. Jesús no quiere que regulemos el esfuerzo, ni que calculemos o nos reservemos. Él quiere que te des todo y del todo, que te vacíes en el camino de su seguimiento sin pensar en el mañana, poniendo toda tu esperanza en lo que hoy puedes amar y en lo que puedes hacer. No quiere el Señor discípulos distraídos ni ociosos. Te quiere en forma para que des la batalla de cada día por vivir como buen hijo o hija de Dios.

Pero las batallas no se ganan solas ni se improvisa cómo se combaten. Al contrario, lo mismo que un ejército se prepara para la batalla con todo cuidado y atención, así también debes hacer tú y buscar cada día prepararte bien para la contienda que te aguarda. El Señor quiere regalarnos el Cielo y quiere que vivamos con esa tensión toda nuestra vida. Tensión por amar más, por dar más, por seguirle más. Como sabe que nos cuesta, te ofrece su ayuda. Pon todo el empeño de tu parte y cuenta con la gracia de Dios para crecer en esta lucha.

3. Siguiendo con el símil del ejército que ha de dar una batalla, una imagen usada con frecuencia por muchos santos, pienso por ejemplo en San Ignacio de Loyola, puede servirnos para continuar con nuestro rato de oración fijarnos en quien es cabeza en el ejército, el general. De un buen general depende en gran medida el resultado de la batalla. Porque por muy buenos que sean los soldados, mal dirigidos, no alcanzarán la victoria; y se podría decir entonces lo que me decía una vez un coronel retirado a cuenta de un equipo y su entrenador: «¡qué desperdicio de tropa a manos de tan mediocre general!». Pues un pésimo general para liderar tu ejército en la batalla es tu estado de ánimo. Lo es por muchas razones. Primero porque es muy cambiante y voluble, y para vencer en una batalla hay que saber resistir las pérdidas y perseverar en el esfuerzo, cosa imposible para alguien que se deja llevar solo por su escaso temple y sus sentimientos. Y junto con la volatilidad del mismo, el estado de ánimo y los sentimientos presentan otra gran dificultad para servir de generales que dirijan tus batallas; no es extraño que falseen la realidad de las cosas. ¿O no te ha pasado que tu impresión sobre una ciudad cuando la visitaste o de una película que viste fue muy negativa porque estabas enfermo en ese momento y, cuando tiempo después la vuelves a ver, tu opinión cambia diametralmente? Volátil, influenciable por cuestiones ajenas a la batalla, no son buenos rasgos para un general. No dejes que te comande en la batalla.

¿Y en positivo, qué hay que pedirle a un buen general? El evangelio te indica algún rasgo cuando habla del criado puesto al frente de la casa, te dice que ha de ser fiel y prudente. Pues ahí tienes qué ha de comandar tus luchas: fidelidad a Dios y a su llamada y prudencia para no dejarse engatusar por el enemigo. Para ambas necesitas, más que estado de ánimo voluble, cabeza y corazón. Cabeza para pensar y sopesar las cosas, corazón para perseverar en ellas. Pídeselo al Señor y dile con entusiasmo: «¡Señor, yo quiero ser ese criado fiel y prudente!».

VIGESIMOPRIMERA SEMANA. VIERNES

*1. Vela con el corazón, con la fe, con la esperanza,
con la caridad, con las obras.*
2. Vosotros sois los centinelas de la mañana.
3. ¿Por qué no compartieron su aceite?

1. Jesús toma ocasión de una costumbre judía para explicarnos la importancia de la vigilancia. Las vírgenes de las que habla en evangelio son las jóvenes no casadas, amigas de la novia, que esperan en su casa la llegada del esposo. Cuando este llega, de noche, ellas llegan con sus lámparas y lo acompañan al encuentro de la esposa, participando de la fiesta (cfr. *Mt* 25, 1-13).

Entre esas muchachas, cinco no habían llevado el aceite suficiente para la noche. Habían sido, según el evangelio, *necias*. Por el contrario, las otras cinco son calificadas de *prudentes*, por haber llevado consigo el combustible necesario para el tiempo que hiciera falta.

Fue un error de previsión: pensaron que quizá el novio llegaría antes o que, si salían a buscar aceite, no daría tiempo antes de que el esposo llegara. Fuere como fuere, prefirieron dormir plácidamente antes que prepararse adecuadamente y, ahora más que nunca, dormir fue morir para ellas, como afirma Gregorio Magno, porque quedaron excluidas de las bodas.

Los que *se duermen* en su vida espiritual también pueden quedar fuera del banquete eterno. Esta es la advertencia el Señor. El mensaje es, por tanto, claro: ¡Despierta!, «vela con el corazón, con la fe, con la esperanza, con la caridad, con las obras (...); prepara las lámparas, cuida de que no se apaguen, aliméntalas con el aceite interior de una recta conciencia; permanece unido al Esposo por el Amor, para que Él te introduzca en la sala del banquete, donde tu lámpara nunca se extinguirá»[1].

2. Pídele al Espíritu Santo que nunca se apaguen nuestras lámparas. «A ti, que eres luz y calor para los corazones de los hombres, gracia de Dios y divino consolador, jamás permitas que me apague por la pereza o la imprudencia. Haz de mi lámpara siempre encendida».

Era el año 2000 y dos millones de jóvenes se daban cita a las afueras de Roma para aquella memorable Jornada Mundial de la Juventud. Acababa de ser interpretado el himno que acompañó algunas de las celebraciones de esos días: *Jesus Christ you are my life*. Los jóvenes daban palmas. El ambiente era festivo, alegre, luminoso y el papa Juan Pablo II, ya entonces muy viejecito, alzó los ojos descubriendo a los jóvenes su mirada de Padre. Entre balbuceos impuso su voz sobre la música y el bullicio y afirmó con la fuerza típica de quien cree lo que dice algo que es para ti hoy una invitación: «Queridos amigos, en vosotros veo a los "centinelas de la mañana"

---

[1] S. Agustín, *Sermón* 93, 17.

(cfr. *Is* 21, 11-12) en este amanecer del tercer milenio». Los que traen la nueva luz de Cristo con su vigilancia.

La iglesia confía en que sus hijos sean vigilantes y procuren con todas sus fuerzas poner a sus contemporáneos en amistad con Jesús, centinelas que avisan de la venida del enemigo y protegen a los que son sus amigos, vigías valientes que dan la buena noticia de la gracia de Dios a los demás.

«Vigilar, estar alerta, rechazar el sueño de la tibieza. Esto lo conseguimos cuando luchamos en aquellos puntos que nos indicaron en la dirección espiritual, cuando tenemos un *examen particular* concreto, cuando llevamos bien a término el *examen general* diario»[2].

3. Es una pregunta muy típica que mucha gente se ha formulado… ¿por qué las vírgenes sensatas no compartieron su aceite con las necias? ¿acaso no fueron un poquito egoístas? ¿no podrían haber hecho ese esfuerzo?

El propio evangelio da una respuesta: *en caso de haber compartido no habría llegado para ambas* (cfr. *Mt* 25, 10). Podemos aventurarnos, con todo, a intentar dar una interpretación espiritual a este dato.

Si el aceite que ilumina son las buenas obras, y la lámpara es nuestra alma, parece lógico que no se puedan compartir con los imprudentes, porque las obras son de su autor y, digámoslo así, nadie puede sustituirnos en ese empeño.

La lámpara de las necias estaba agrietada por la pereza y el desinterés por su salvación. El alma que no está

---

[2] F. Fernández-Carvajal, *Hablar con Dios*, t. 4, Madrid [13]2006, 635.

en gracia de Dios es como una lámpara rota por donde se escapa el aceite de la gracia. Dárselo es inútil: es imprescindible reparar el instrumento.

Los prudentes o bien los temerosos de su salvación; los centinelas de la mañana que quieren estar vigilantes y conservan la gracia de Dios en su alma como lo más precioso, deben con sus buenas obras agradecer el auxilio divino «y hacer todo lo posible para que los que están lejos de Dios se acerquen», para que ellos también puedan ser autores de buenas obras: de la piedad y de la caridad auténticas.

Por eso, el mérito de las buenas acciones no se comparte: es de aquel que las ejecuta. Pero si es cierto que con ellas podemos implorar al Señor una acción especialmente intensa y específica sobre aquellos amigos o familiares nuestros que están lejos de Él. Nuestra intención: que reparen su alma, pasando del pecado a la gracia. Igualmente podremos tomar un papel más activo intentando acercarlos al confesonario.

Son modos concretos de que ellos mismos acudan a la fuente de la gracia que es Dios mismo.

VIGESIMOPRIMERA SEMANA. SÁBADO

1. El diablo: experto conocedor del espíritu humano.
2. La tibieza no es falta de ánimo.
*3. El cansancio o la enfermedad nos hacen
más suyos si obedecemos.*

1. Nadie, salvo Dios, conoce tan a fondo la psicología humana como el demonio. Es un experto en las cosas del espíritu humano: lleva desde el principio buscando el modo más eficiente de cumplir su oficio, que no es otro que tentar a los hombres.

Sabe muy bien cómo hacernos caer, aunque no debemos tener miedo: Dios sabe mucho más, y nos ayuda siempre con su gracia. A los que se han iniciado, como tú, en la vida de oración, tratan de sacar un tiempo para alabar a Dios y darle gracias, van a Misa los domingos e incluso algún día más y procuran confesarse con frecuencia; a esos el diablo se guarda mucho de presentarles el pecado directamente. Es difícil que las personas que han comenzado a tener una vida espiritual un poco más intensa sientan deseos interiores de dejarlo todo, de no ser fieles, de claudicar absolutamente en la lucha.

El demonio, en principio, no va por ahí. En la parábola que Jesús nos explica en el evangelio de hoy nos cuenta que confió cinco talentos de plata a un empleado, a otro dos y, finalmente, al último uno. Los dos primeros hicieron rendir lo que habían recibido. El acreedor de un solo talento, conviene anotarlo, *no pierde su capital*, sencillamente lo esconde y después encima se justifica: *tuve miedo de ti* (cfr. *Mt* 25, 25). No lo dilapidó en mala vida o en diversiones ilícitas, pero fue perezoso, indolente, y para colmo pensó que incluso hacía bien comportándose así. Él es ejemplo, sin ninguna duda, del hombre tibio.

El diablo no lo tentó con grandes pecados, sino con uno sutil y mordiente. Este era su objetivo: «no te enfriarás con el pecado mortal, pero poco a poco te llevaré a él haciéndote abandonar una cosa tras otra, todas pequeñas. Así enterrarás tu talento y, poco tiempo después, serás presa de faltas aún mayores. Es cuestión de táctica... y de tiempo».

2. Dedicaremos también la meditación del próximo lunes a describir la tibieza, de modo que hoy vamos a meditar despacio signos que se le parecen... pero que no necesariamente indican que hayamos caído en los brazos de la acedia o desidia espiritual.

La tibieza no es falta de ánimo. Por ejemplo, experimentar que no apetece nada ir a Misa, rezar o haber perdido el fervor de la primera vez. Esto, recuérdalo, «le pasa a todo el mundo»: desde el Papa hasta el último de los bautizados. De hecho, de ordinario rezar cuesta sacrificio, porque significa cargarse de fe para sentarse delante de un Dios «al que no veo con los ojos de la carne».

Es natural que tú, que eres un ser humano, lleno de sentidos, de vista despierta, inteligencia ágil, oído agudo y gusto por las cosas, encuentres dificultad en relacionarte con aquel que difícilmente es percibido por los sentidos del cuerpo. Vemos muchas veces todo menos a Dios. Esto no es tibieza: es normalidad.

Santa Teresa de Jesús nos advierte que la falsa humildad que viene del diablo es aquella que inflama nuestros defectos y nos destruye, porque nos conduce a abandonar la oración –total, parece que no sirve de nada– y desertar de nuestros propósitos.

Y san Francisco de Sales añadía: «dulces con los demás, dulces con nosotros mismos». Si el asno cae en el hoyo, le ayudarás a salir, y no lo atizarás hasta matarlo: lo mismo el alma. Si cae, ayúdala a salir, y no seas duro con los demás ni contigo mismo.

3. No es tibieza, por tanto, sentirse muy imperfecto, puesto que este sentimiento bien puede ser una prueba; una cruz que el Señor desea para nuestra vida y nos ayuda a crecer. Desaparece el gusto y amanece la aridez en las cosas de Dios; no importa, así nos hará más suyos.

Tampoco debe humillarnos darnos cuenta de que estamos sujetos a grandes tentaciones que nos llevarían a dinamitar nuestro camino, nuestra existencia y toda nuestra vida de oración. Basta con reaccionar prontamente: esas tentaciones, por insistentes o fuertes que sean, no necesariamente significan que nuestra alma no arda en amor de Dios.

Por supuesto, debemos contar en nuestro caminar con el cansancio o la enfermedad, que nos brindarán la ocasión de ser más humildes a los consejos que nos puedan dar en la dirección espiritual, porque seremos incapaces de rezar o nos costará mucho, y obedecer será el consejo más importante para esta nueva situación espiritual y corporal.

VIGESIMOSEGUNDO DOMINGO. CICLO A

1. Presentar nuestros cuerpos como hostia viva.
2. La modestia.
3. Virtudes que favorecen la modestia.

1. *Os exhorto, pues, hermanos, por la misericordia de Dios, a que presentéis vuestros cuerpos como sacrificio vivo, santo, agradable a Dios; este es vuestro culto espiritual* (*Rm* 12, 1). Con estas palabras, el apóstol Pablo estimula a los Romanos a hacer de su propia corporalidad una ofrenda a Dios. Hacer del cuerpo hostia viva significa que, junto al pan y al vino que ofrecemos a Dios en el culto eucarístico, toda nuestra vida se ofrece junto con ellos, también en su aspecto más corporal y exterior, también en lo referido a los afectos y la vida interior. Todo, absolutamente todo lo nuestro, puede ser ofrecido al Dios de la vida; es más, debe ser presentado como algo santo a Dios y agradable para el prójimo.

Sin embargo, como cantaba el poeta, no son estos buenos días para la lírica. O mejor dicho, para la modestia exterior y guarda de los sentidos. «En cuanto al culto al cuerpo», señala Fernando Rey Ballesteros en su libro sobre la pasión de Cristo, «hemos vuelto a Roma, con sus apolos y sus venus. El engaño de la adolescencia se ha convertido en verdad cultural –lo cual significa "mentira aceptada"–, y miles de hombres y mujeres gastan inmensas cantidades de dinero en gimnasios y tratamientos que los ayuden a vencer el paso implacable de los años. La batalla está perdida de antemano, porque el ídolo siempre paga con la muerte. Todos ellos mueren, y, tras morir, apestan. He ahí el resultado de sus sacrificios»[1].

La juventud está fascinada por la belleza de su cuerpo y la belleza de otros cuerpos igualmente jóvenes. Como Esaú fue capaz de vender toda la herencia y la promesa de Dios por el hambre después de un día de caza, y dejó tras de sí un futuro prometedor por un rebosante plato de lentejas (cfr. *Gn* 25, 29-34); así muchos chicos sucumben a la belleza herida por el pecado. Como Herodes a los pies del lascivo baile de la mujer. Lo lamentable, continúa el autor, es «que las personas adultas, en lugar de instruirle sobre la verdad, le animen con secreta envidia a seguir ese juego, y ellos mismos realicen esfuerzos sobrehumanos por tratar de dar marcha atrás al tiempo y sumarse a él es lo peor que nos podría haber sucedido».

Son numerosas las virtudes que guardan relación con el cuidado del cuerpo, tales como la pureza, la castidad, la templanza y muchas otras. Nosotros recuperaremos tan solo una: la modestia. No es asunto de menor importancia, pues hemos de considerar despacio que

---

[1] J. F. Rey Ballesteros, *Cristo en su pasión*, edición digital.

«el pudor y la modestia son hermanos pequeños de la pureza»[2].

2. «Procuremos –dice san Ambrosio– que en el decoro del cuerpo no haya nada afectado, sino naturalidad; haya sencillez y un poco de descuido más bien que esmero; no gastemos preciosos y deslumbradores vestidos, sino vestidos comunes; que nada falte a la honestidad y decoro y nada hable de lujo»[3].

La modestia es una virtud preciosa puesta en tela de juicio. ¿Qué sentido tiene cuidar mi aspecto exterior? Si puedo adornarme del modo más excelente, y presumir adecuadamente, ¿qué me impide hacerlo?

En primer lugar, porque la vanagloria y la ostentación que se busca mediante el lujo en el vestido o en el adorno ya fueron condenados por Jesús, cuando advirtió que el rico ardería en el infierno, «vestido de púrpura y seda». Es la narración del rico epulón y el pobre Lázaro (cfr. *Lc* 16, 19-31). Por más duro que parezca, es palabra de Dios, y es necesario no dejar de meditarlo.

Además, cuando se busca desmesuradamente el bien corporal, fácilmente se cae en otros vicios peores. Dicho a las claras, ¿qué buscas cuando te vistes así al salir un viernes por la noche? ¿a quién deseas atraer con esa conducta tuya, más propia de un pavo real que de un hijo de Dios?

Finalmente, una dedicación excesiva por el vestido o el peinado, por el adorno corporal, se convierte en

---

[2] *Camino* 128.

[3] En *S. Th.*, II-II, q. 169, a. 1, s.c. Para lo que sigue, puede consultarse la misma cuestión y artículo.

seguida en una preocupación excesiva. La ropa, el calzado, el maquillaje y tantas otras cosas pasan a ser la ocupación número uno de la vida, convirtiendo todo lo demás en secundario. El alma pierde entonces la paz; y el corazón, el amor. Porque la modestia –recuérdalo– tiene que ver con la pureza, y la pureza con el amor verdadero.

3. Podemos, no obstante, favorecer la virtud de la modestia de modos muy sencillos, consiguiendo así un corazón más libre y enamorado.

La humildad «no se excede en gastos ni en preparativos». A la persona humilde le horrorizan las alabanzas desmesuradas. Tiene paz en el alma, y no mendiga afectos terrenos. Disfruta de un sosiego interior que le hace envidiable a su prójimo, a causa de que su único deseo es la gloria de Dios y no la gloria propia. Muchas veces, la inmodestia es fruto directísimo de la propia y profunda insatisfacción, que puede ser motivada por una vida triste o por unos malos momentos. Quien se considera sano no necesita disimular para demostrarlo; quien está contento consigo mismo no necesita excesivos maquillajes para ponerlo a prueba. Basta un poquito de buen gusto... y una sonrisa.

Favorece además la virtud de la modestia «el contentarse con poco». Generalmente, quien busca una vida regalada nunca encuentra lo suficiente para satisfacer su avidez. En cambio, los que son capaces de pasarlo bien con cualquier cosa y de disfrutar con cuanto se pone a tiro, generalmente son modestos, porque están satisfechos.

Finalmente, nada ayuda más a la modestia que la sencillez, que excluye toda dedicación excesiva a lo que no merece la pena, y recibe las cosas buenamente como vienen. Cuando la vida presenta dificultades, intentar doblegarlas a toda costa lleva en multitud de ocasiones a posturas forzadas. En cambio, si se aceptan dócilmente y se pone únicamente amor, se halla pronto un mayor sentido que si tratáramos de consolarnos con miles de compensaciones vanas.

Tiempo de silencio para meditar sobre la modestia, virtud que modera, templa y regla las acciones externas, conteniendo al hombre en los límites de su estado, según lo conveniente a él.

VIGESIMOSEGUNDO DOMINGO. CICLO B

1. Hechos para Dios.
2. El tono de una conversación.
3. Corazón y conversación.

1. «Nos has hecho, Señor, para ti, y nuestro corazón está inquieto hasta que descanse en ti»[1]. Con esta oración comienza San Agustín el relato autobiográfico de su propia conversión, convencido de que los hombres estamos hechos para gozar de las cosas de Dios en esta tierra y disfrutar eternamente de su visión en el cielo.

En esta frase, el santo resume la trayectoria de su propia existencia: un corazón inquieto que ha buscado con denuedo el rostro de Dios. Trató de encontrarlo con los discípulos de Pitágoras, más tarde se hizo maniqueo, leyó los libros de los platónicos... un recorrido agitado al encuentro de un Dios que le esperaba dentro de él.

En ese tiempo de búsqueda, leyó también la Escritura, tratando de encontrar una respuesta a sus dudas. Le pareció que era un cuento de niños, algo insustan-

---

[1] S. Agustín, *Confesiones* I, 1, 1.

cial, sin rigor científico, con poco sentido... Cuando años más tarde nos comunica esta experiencia, siendo ya cristiano católico, concluye su reflexión diciendo que *la Biblia no está hecha para los soberbios*, porque el criterio para entenderla no es la retórica ni la maestría de la palabra, sino la humildad que nace del encuentro del hombre con Dios.

El santo de Hipona tardó tiempo en darse cuenta de que Aquel a quien buscaba fuera de sí se encontraba, en realidad, dentro de él. El alma está hecha para ser capaz de recogerse, de guardar silencio y mirarse con profundidad a sí misma, y así descubrir el abismo de bondad que tras ella se esconde: Dios mismo. Por el pecado, ha nacido la soberbia en los corazones de los hombres, que dan la espalda a Dios y se enorgullecen de sus propias capacidades y potencias. El hombre se vuelca en los placeres exteriores, olvidando el tesoro que se esconde en lo más íntimo, en su propia alma.

Por eso Agustín pidió a Dios un corazón nuevo capaz de amarlo «solo y del todo» a Él, de volverse definitivamente a Él, de «convertirse». Además, rogaba con palabras duras «tener aversión a las criaturas», que es lo mismo que decir, «no amar ninguna otra cosa más que a Dios».

No debe escandalizarte. Dios es Amor: amando a Dios más que a nada amarás todas las cosas más que nunca, porque Él nos enseña la auténtica caridad.

2. Contento por su conversión, pronto volvió a Roma al encuentro de su madre, que rogaba al cielo por la vuelta de su hijo a la Iglesia católica. Mónica veía por fin cumplido su sueño. Juntos los sorprendemos en Ostia Tiberina, mirando al mar y conversando: allí nos enseñaron, quizá sin darse cuenta, el tono que una conversación entre dos corazones puros puede llegar a tener:

«Hablábamos, pues, los dos solos, muy dulcemente y, olvidando lo que queda atrás y lanzándonos hacia lo que veíamos por delante, nos preguntábamos ante la verdad presente –que eres Tú– cómo sería la vida eterna de los santos, aquella que ni el ojo vio, ni el oído oyó, ni el hombre puede pensar. Y abríamos la boca de nuestro corazón, ávidos de las corrientes de tu fuente, la fuente de vida que hay en ti.

»Tales cosas decía yo, aunque no de este modo ni con estas mismas palabras; sin embargo, Tú sabes, Señor, que, cuando hablábamos aquel día de estas cosas –y mientras hablábamos íbamos encontrando despreciable este mundo con todos sus placeres–, ella dijo:

"Hijo, por lo que a mí respecta, ya nada me deleita en esta vida. Qué es lo que hago aquí y por qué estoy aún aquí, lo ignoro, pues no espero ya nada de este mundo. Una sola cosa me hacía desear que mi vida se prolongara por un tiempo: el deseo de verte cristiano católico, antes de morir. Dios me lo ha concedido con creces, ya que te veo convertido en uno de sus siervos, habiendo renunciado a la felicidad terrena. ¿Qué hago ya en este mundo?".

»No recuerdo muy bien lo que le respondí, pero, al cabo de cinco días o poco más, cayó en cama con fiebre. Y, estando así enferma, un día sufrió un colapso y perdió el sentido por un tiempo. Nosotros acudimos corriendo, mas pronto recobró el conocimiento, nos miró, a mí y a mi hermano allí presentes, y nos dijo en tono de interrogación:

"¿Dónde estaba?".

Después, viendo que estábamos aturdidos por la tristeza, nos dijo:

"Enterrad aquí a vuestra madre".

Yo callaba y contenía mis lágrimas. Mi hermano dijo algo referente a que él hubiera deseado que fuera enterrada en su patria y no en país lejano. Ella lo oyó y, con cara angustiada, lo reprendió con la mirada por pensar así, y, mirándome a mí, dijo:

"Mira lo que dice".

Luego, dirigiéndose a ambos, añadió:

"Sepultad este cuerpo en cualquier lugar: esto no os ha de preocupar en absoluto; lo único que os pido es que os acordéis de mí ante el altar del Señor, en cualquier lugar donde estéis"»[2].

3. Jesús se lamenta, en el evangelio de hoy, de tener delante un pueblo que lo honra con los labios, pero que tiene el corazón lejos de Dios. Celebran un culto vacío, y todo lo que dicen son preceptos humanos. A la vez, nos advierte sobre la necesidad de extirpar la raíz de la impureza, que está bien anclada en el corazón del hombre. Es de ahí de donde salen las injusticias, robos, homicidios y toda clase de pecados (cfr. *Mc* 7, 14ss).

San Agustín y Santa Mónica pidieron y consiguieron de Dios un corazón sencillo, un alma pura. El tono de su conversación y de su vida fue un amor apasionado por Jesucristo, que se tradujo en una respuesta generosa en todos los aspectos de su vida: de lo pequeño hasta lo más grande.

Nosotros queremos la concordia entre nuestra palabra y nuestro corazón. Nunca más una palabra de alabanza a Dios con un corazón cargado de inmundicia: lo

---

[2] S. Agustín, *Confesiones* IX, 10, 23-11, 28.

primero será pedirle perdón al Señor, buscar la auténtica conversión.

A la vez, busca que tu conversación sea la apropiada de un hijo de Dios, de una persona que lucha por estar en gracia de Dios. Huye de los diálogos malsanos, lascivos, frívolos, calumniosos o cargados de superficialidad. Mira cómo hablaban Mónica y Agustín: les salía del corazón una conversación elevada porque ambos estaban muy cerca del Amor.

No ensucies tu alma ni con la alabanza hipócrita... ni con la conversación obscena o difamante. Ojo a tu lengua, porque lengua y corazón laten siempre con el mismo ritmo, y de lo que abunda el corazón, habla la boca (cfr. *Mt* 12, 34).

VIGESIMOSEGUNDO DOMINGO. CICLO C

*1. El Verbo de Dios escogió el peor puesto cuando
se humilló haciéndose hombre.*

2. La gratuidad del don de Dios: la gratuidad del amor.

3. La acción de gracias: antídoto contra la vanagloria.

1. En el pasaje evangélico de hoy encontramos a Cristo invitado como comensal a compartir mesa en casa de un fariseo. Era sábado y los principales fariseos le estaban espiando.

No sabemos si de modo descarado o, más bien, a través de pequeños movimientos o comentarios, lo cierto es que los diferentes invitados peleaban, abierta o veladamente, por los primeros puestos. Jesús repara en ello, y aprovecha para darnos, al menos, dos enseñanzas.

La primera de ellas se resume en las mismas palabras del Salvador: *el que se enaltece será humillado, y el que se humilla será enaltecido* (*Mt* 23, 12). Jesucristo, al indicar que no debemos optar por los primeros puestos en las comidas, no está procurando dar una clase de urbanidad o de buenas maneras, sino más bien revelar una verdad muy profunda –y muy escondida– del espíritu humano. Solo por el camino de la humildad se conforma nuestro ánimo con la felicidad permanente.

Preparaste, oh Dios, casa para los pobres (Sal 68, 11), reza la respuesta al Salmo de la liturgia de hoy. Dios, en la segunda Persona de la Trinidad, preparó esa casa cuando se unió a la naturaleza humana por medio de la encarnación. Ese día fue Dios mismo quien eligió el último puesto, porque cubrió el trecho que separaba lo infinito de lo finito, lo necesario de lo contingente, lo eterno de lo temporal.

Dios ha querido preparar casa a los hombres no en lugares lejanos, ni a través de prácticas extrañas, sino en la misma naturaleza humana. Al humillarse nos ensalzó a todos. Al hacerse uno de los nuestros, nosotros mismos hemos sido hechos capaces de participar de la naturaleza divina.

Gracias a la obra del Espíritu Santo, podemos llegar a la satisfacción del alma que, llena de los dones de la gracia, se adhiere al querer divino. Ahora bien, el camino del discípulo no es muy distinto al del maestro. Solo a través de la humildad podremos comprender la «alegría de servir» y encontrar así la paz del corazón.

Para entrar en el hogar que Dios ha preparado para los pobres, es necesario pasar por la única puerta que da acceso a la mansión de la gracia: la *humildad*.

2. La segunda enseñanza del Maestro aparece justo a continuación. *Cuando des una comida o una cena, no invites a tus amigos, ni a tus hermanos, ni a tus parientes, ni a los vecinos ricos; porque corresponderán invitándote, y quedarás pagado. Cuando des un banquete, invita a pobres, lisiados, cojos y ciegos; y serás bienaventurado,* *porque no pueden pagarte; te pagarán en la resurrección de los justos* (*Lc* 14, 12-14).

Nuevamente, más que una conducta concreta a la hora de organizar una fiesta de cumpleaños o una onomástica, el Señor nos enseña algo más profundo. En concreto, con estas palabras ilustra el carácter *absolutamente gratuito* del amor en sí mismo y, con mayor razón, del amor de Dios. Por eso insiste en el hecho de invitar a aquellos que no pueden pagar.

Solo la gratuidad explica el acontecimiento más decisivo de la historia humana: *el Verbo de Dios se hizo hombre y acampó entre nosotros* (*Jn* 1, 14). Se obró tal maravilla solo porque Dios lo quiso. Asimismo, la ejecución del plan de salvación fue a través de una pasión dolorosa y llena de padecimiento por idéntico querer de Dios. Él deseó mostrarnos que nos ama hasta el extremo y que no nos pide nada que no haya hecho antes Él. Todo por nosotros. Sin merecerlo. Sin otra causa que su divino querer. Gratuitamente se hizo hombre, y gratuitamente abrazó la cruz.

Cristo es, por tanto, modelo de humildad y de gratuidad. Si nos fijamos en Él, encontraremos motivos suficientes para hacer frente a las tentaciones que tantas veces nos humillan; mansedumbre sobreabundante para soportar con agrado las ofensas, y la obediencia al Padre en el dolor y en las circunstancias más difíciles de nuestra vida.

Cristo está con nosotros siempre... y muy especialmente cuando decidimos, por fin, sentarnos en el último de los puestos.

3. Pero, ¿cómo vivir esta humildad? ¿Cómo experimentar esa gratuidad? ¿Cómo podré llevar a cabo el consejo del Señor de llevar a la mesa a pobres, lisiados, cojos y ciegos? ¿Cómo?

San Luis, rey de Francia, «puso en práctica lo que está escrito en el *Libro del Sirácida*: *Cuanto más grande seas, tanto más humilde debes ser, y así obtendrás el favor del Señor* (3, 18)». Así escribió en el "Testamento espiritual a su hijo": «Si el Señor te concede prosperidad, debes darle gracias con humildad y vigilar que no sea en detrimento tuyo, por vanagloria o por cualquier otro motivo, porque los dones de Dios no han de ser causa de que le ofendas (*Acta Sanctorum Augusti* 5 [1868] 546)»[1].

¿Deseas poner en práctica el evangelio de hoy? Huye con prontitud de toda sombra de vanagloria. Evita por todos los medios jactarte en tu propio quehacer u obrar. No dejes hueco a la vanidad, y pon freno a todo pensamiento inútil que asome en tu cabeza distrayéndote de tu empeño por ser humilde y servicial.

Un modo positivo de poner la vanagloria en cuarentena es practicar con frecuencia la acción de gracias. Vive la Misa como hacimiento de gracias; vuelve tu mirada a tu Padre Dios muchas veces al día por haberte hecho inteligente o simpático, por tal o cual virtud que tan agradable te hace, por tu posición social o por cualquier cosa que te genere interior bienestar y riesgo de autosatisfacción; y comienza finalmente cada día tu examen de conciencia con una reconocida y profunda acción de gracias.

Son propósitos sencillos que te ayudarán a vivir con radicalidad las palabras del evangelio que aún resuenan en nuestro interior: humillarse para ser ensalzados.

---

[1] BENEDICTO XVI, *Angelus* (29-8-2010).

VIGESIMOSEGUNDA SEMANA. LUNES

1. Una santa normal
2. Jesús también era muy normal
3. Nuestra normalidad.

1. En 1897 moría con tan solo 24 años, en el Carmelo de Lisieux (Francia), la H. María Teresa del Niño Jesús y de la Santa Faz. Pronto comenzó a acudir hasta su tumba gente de la más variada procedencia para pedir su intercesión e interesarse por su vida. Junto a estas gentes sencillas, sacerdotes, obispos y cardenales hacían las oportunas gestiones para que el Vaticano comenzará un rápido proceso que condujera a esta joven carmelita a la gloria de los altares. En aquella época tenían que pasar al menos cincuenta años de la muerte de una persona para que pudiera pensarse en comenzar un estudio de su vida, pero en este caso se iban a saltar la norma. Finalmente, en 1914 el Papa Pío X, ante el clamor popular de la santidad de aquella monja, permitió que se comenzara su Proceso de Beatificación; entonces un grupo de teólogos algo suspicaces mostraron su asombro al Papa puesto que «esta carmelita, monja de clausura, joven, no ha hecho nada extraordinario que merezca la pena ser estudiado». El Pontífice les respondió con gran aplomo que «esta extrema sencillez es precisamente lo que hay de más extraordinario y notable en esta alma. Abrid vuestra teología».

Teresita no había tenido visiones, no había multiplicado alimentos, no tenía el don de la bilocación, se desconocía que hubiera hecho milagros en vida... entonces aquellos teólogos concluyeron que no era santa; habían confundido la santidad con fenómenos extraordinarios, que Dios puede dar o no. Les costaba aceptar el binomio santidad-normalidad.

Reconoce que a ti también te ha sucedido esto muchas veces, que cuando te hablan de un santo, o te proponen como meta de tu vida la santidad inmediatamente piensas en señores o señoras (normalmente curas, monjas, frailes o derivados) raros, fácilmente distinguibles en la calle por ir con los ojos en banco o levitando por las aceras.

Aquellos estudiosos de principios del siglo XX se habían olvidado de que Pablo, y parece que era algo habitual ente ellos, en aquellos tiempos del inicio, se dirigiera a los primeros cristianos llamándoles simple y genéricamente «santos». Entonces era lo más normal.

2. Es lo mismo que sucede en el evangelio de hoy. San Marcos nos relata cómo uno de aquellos días, en medio de idas y vueltas, de un pueblo a otro, Jesús llega con sus discípulos a Nazaret. Podemos imaginar la emoción del Maestro –es perfecto hombre, no podemos privarle de sentimientos– al recorrer las calles de su pueblo, recuerdos de su infancia, de José... Posiblemente señalaría casas y plazas y les hablaría a los apóstoles de su anterior vida allí. ¿Se hospedarían en casa de María?

Su estancia coincidió con un sábado –ya se ve que fueron varios días de visita–. Se dirigió con los suyos a la sinagoga y, como había hecho en Cafarnaún y en tantos otros lugares, comenzó a enseñar allí después de la lectura del texto sagrado. Pero la gente comenzó a inquietarse. Muchos habían conocido de solteros a María y José, le recordaban a Él de pequeño, cuando vueltos sus padres y Él de Egipto se instalaron de nuevo en Nazaret, le habían visto aprender a caminar y a hablar, todavía le veían en su mente correteando por las callejas del lugar o ayudando a José a recoger las virutas y herramientas del taller, incluso hacerse cargo del mismo tras la muerte del cabeza de familia; quizá los más jóvenes habían jugado con Él o habían asistido juntos a la clase del rabino local y habían peregrinado juntos a Jerusalén. Y de pronto, Ése del que creían saberlo todo, conocer perfectamente su historia, se presenta ante ellos como un Maestro autorizado de la ley de Moisés y, además, se empezaba a rumorear que hacía milagros. *¿De dónde saca todo eso? ¿Qué sabiduría es esa que le han enseñado? ¿Y esos milagros de sus manos? ¿No es este el carpintero, el hijo de María?* (*Mc* 6, 2-3). Era un rumor que iba cogiendo fuerza entre los oyentes, y se escandalizaban de Él.

No podían creer que alguien como ellos, salido de su pueblo pudiera ser el Mesías, *no desprecian a un profeta más que en su tierra, entre sus parientes y en su casa* (*Mc* 6, 4). Quizá a ti también, en tu familia o en tu grupo de amigos, o en la universidad o en el trabajo te han cuestionado tu fe, viéndote vivirla con tanta naturalidad.

3. Mucha gente, de los que nos cruzamos por la calle, de los que salen en televisión o estudian y trabajan con nosotros, piensa que ser cristiano es ser raro, que tener fe conlleva llevar un modo de vida aburrido, monótono y extraño. No conciben que uno pueda ser normal, disfrutar con las cosas sanas de la vida, hacer deporte, estudiar, tener novio o novia, bañarse en una playa y salir con los amigos sin necesidad de llevar un estandarte que manifieste su fe. El papa san Juan Pablo II animaba a los jóvenes en su último viaje a España en 2003 a demostrar a la moderna sociedad «que se puede ser moderno y profundamente fiel a Jesucristo»[1].

Somos nosotros, cada uno en nuestro ambiente, donde Él nos ha colocado, los que tenemos que cambiar el rostro de la fe; muchos de nuestros amigos y conocidos se asombrarán también de nuestra coherencia. Han estudiado con nosotros, han salido de fiesta con nosotros o trabajan en la mesa de al lado y pensarán o nos dirán: «Tú, ¿de qué vas?» o nos tacharán de integristas o mojigatos. No debemos hacer caso.

Que nuestros defectos sean manifiestos, que metamos la pata muchas veces, que nos equivoquemos... todo esto no resta eficacia a nuestra misión, que nos conozcan, también con nuestras deficiencias, lo único que hace es manifestar la veracidad de esas palabras de Jesús: *no he venido a llamar a los justos sino a los pecadores* (*Lc* 5, 33). Muchos utilizarán tus defectos como arma arrojadiza, «tanta Misa, tanto rezar para luego esto». «Pues imagínate si no rezara» –debes contestar.

Vamos a terminar este rato de oración pidiendo a la Virgen la virtud de la normalidad, no ser raros, vivir

---

[1] San Juan Pablo II, *Vigilia con los jóvenes en Cuatro Vientos* (3 de mayo de 2003).

nuestra fe, con coherencia, con exigencia (ser normales no significa vivir un cristianismo *light*) pero con la naturalidad del que sabe llevar su propio ambiente a todas partes.

VIGESIMOSEGUNDA SEMANA. MARTES

1. Existe una envidia sana.

2. Existe y es malo.

3. Pierde quien dialoga.

1. Cafarnaún estaba construida a orillas del lago de Genesaret, junto al camino que unía Siria (todo el Oriente) con el Mediterráneo y Egipto. Era una de las ciudades más importantes de todo Galilea. Su economía se apoyaba en el comercio, rica en campos y productos del mar. La población era mayoritariamente judía aunque no faltaba una comunidad gentil. Con todo esto se entiende que Jesús eligiera este lugar como base de sus operaciones apostólicas en Galilea; situada en el lugar más poblado de Palestina se convertiría en altavoz para el mensaje evangélico.

La sinagoga de Cafarnaún presenció importantes episodios de la vida del Maestro, destacando el famoso discurso del Pan de vida, que nos describe san Juan en su capítulo sexto. Aquella sinagoga fue visitada múltiples veces por Él y sus discípulos para cumplir con las costumbres cultuales judías y predicar la Buena Noticia.

Hoy nos describe san Lucas, en el pasaje que vamos a considerar, cómo *Jesús bajó a Cafarnaún, ciudad de Galilea, y los sábados les enseñaba. Se quedaban asombrados de su enseñanza, porque su palabra estaba llena de autoridad* (*Lc* 4, 31-32). Al ser sábado la sinagoga estaría repleta de gente, es el día del Señor y vienen a escuchar la Palabra de Dios; hoy es el maestro de Nazaret –habrán ya oído hablar de Él– quien se la explica. ¡Qué envidia me dan esos hombres que escuchaban admirados las palabras que salían de su boca! Me dan envidia porque nosotros muchas veces escuchamos las lecturas en Misa con cierto tedio, o leemos el evangelio sin prestar atención, o nos hemos acostumbrado a oír hablar de Dios... Cuando se pierde la novedad, el asombro puede acabarse perdiendo, como también el deseo y el amor.

¡Qué curiosa diferencia! Aquellos hombres descubrían un nuevo mensaje en las palabras de Jesús, les hacía salir de su comodidad y les abría horizontes; hoy en cambio muchos hombres lo que quieren es que Jesús, la Iglesia, no diga cosas contrarias, sino que se acomoden a lo que ellos quien oír y vivir.

Escuchar a Jesús sin manipulaciones de ningún tipo, atreverse a vivir el evangelio hasta las últimas consecuencias; poner nuestra vida en sus manos y dejar que sea Él quien lleve el timón. Estar en el mundo sin ser mundanos. Cuántas veces bajo excusas de ser «normales», de no ser los «raros», se esconde el miedo a arriesgar, el miedo a seguir a Jesús de cerca.

2. Cuando terminó Jesús de hablar comenzó un murmullo entre la gente; se movían, giraban su cabeza y miraban hacia un pobre hombre que se encontraba apartado de todos, en un rincón de aquella sinagoga. Tenía los ojos hundidos y enrojecidos, caminaba fuera de sí; estaba endemoniado, el Maligno se había apropiado de aquella pobre criatura.

Se hizo un denso silencio mientras Jesús avanzaba hacia él. Entonces aquel hombre comenzó a gritar y gesticular enfrentándose con el Maestro; mientras todos le dejaban solo, Jesús se acercaba. *¡Basta! ¿Qué tenemos que ver nosotros contigo, Jesús, Nazareno? ¿Has venido a acabar con nosotros?* (v. 34). Resulta curioso que una de las tentaciones a las que nos somete el demonio es a creer que podemos ser independientes respecto a Dios: *¿qué tenemos que ver contigo?*

¿Cómo que qué tenéis que ver conmigo? podría respondernos el Maestro. Yo te he creado, te he redimido, te cubro de cuidados a diario, me preocupo por ti, te mantengo en la existencia, velo por ti... y todavía preguntas que si tenemos algo que ver...

El demonio existe y es malo, jugará todas sus bazas para alejarnos de nuestro camino de la santidad, de la amistad con Dios... Qué clarificador resulta aquel libro de C. S. Lewis, *Cartas del demonio a su sobrino*... Y que tontos aparecemos los hombres cuando no queremos darnos cuenta y no luchamos con todas nuestras fuerzas contra las tentaciones que se nos presentan.

Acudamos pronto al Señor y a la Virgen, invoquemos sus nombres, no es un consejo piadoso sino un remedio eficaz; la tentación no la podremos superar solos, por eso necesitamos del poder de Dios y de la intercesión de nuestra Señora.

3. Pero, además, tal y como aparece descrito en el pasaje que estamos leyendo, Jesús nos da una lección que no debemos olvidar. Acercándose a aquel hombre que grita y gesticula con violencia, obviando todas sus manifestaciones ostentosas, le dice: *¡Cállate y sal de él!* (v. 35). No se dialoga con la tentación, no se escuchan sus falaces argumentos. Cuántas veces saldremos airosos en nuestras luchas si no caemos en las garras del diálogo, de pensar que quizás no es para tanto, que yo puedo controlar, que sé hasta dónde debo llegar... y de pronto, me doy de bruces con el pecado.

Y no hablo solo del pecado mortal, a base de repetir que «no tengo cosas gordas», se nos cuelan una lista grande de pecados veniales que reducimos a «pecadillos» o «cosas sin importancia». Es verdad que debemos huir del escrúpulo, pero es la misma verdad que debemos huir de la superficialidad o la frivolidad.

Cuando se quiere a alguien no se va a los mínimos, nadie que quiera de verdad a otra persona quiere verla sufrir, por pequeño que sea el sufrimiento... El pecado no es la transgresión de una regla, como cuando me salto un semáforo en rojo; se trata de una ofensa –falta de amor– a una Persona a la que le debo todo. Solo cuando pasemos de la conciencia de «haber hecho algo mal» a «he ofendido a Jesús» comenzaremos a avanzar por caminos de auténtica vida cristiana, de santidad.

Pidamos al Señor la gracia necesaria para luchar siempre contra las asechanzas del enemigo, y si alguna vez cedemos que llamemos siempre a las cosas por su nombre (perder el miedo a hablar de «pecado») y, si hiciera falta, nos reconciliemos pronto con Él por el sacramento de la penitencia. ¡La Virgen nunca falla!

Y recibe frecuentemente la comunión, porque cuanto mayor sea el número de los que comulgan con Cristo –no lo dudes–, menor será el mal que azota nuestro tiempo.

VIGESIMOSEGUNDA SEMANA. MIÉRCOLES

*1. Salir al encuentro de los demás y no
quedarnos en lo cómodo.
2. En el matrimonio: la prueba de vida
y la comprensión del otro.
3. Ir a otros pueblos o la entrega total de la vida.*

1. Es tontería reprocharse a uno mismo el sentir alguna interior complacencia cuando alguien nos dice algo bonito o agradable a los oídos. Y al contrario: es muy decepcionante no escuchar la palabra de estima de la persona amada. Y si hay alguna realidad social donde eso puede pasar, a causa de los años de convivencia y el acostumbramiento, es el matrimonio.

Estaban en la puerta de la Iglesia, charlando después de la Misa de domingo. Javier saludó a Paula, madre de cinco hijos, al tiempo que le dijo: «Oye, ¡qué guapa estás hoy! ¿Has ido a la peluquería?». Ella contestó alegremente: «Muchas gracias, sí que estuve –y mirando amargamente a su marido añadió en tono de reproche– hace tres semanas. Te agradezco que me lo digas...». Nos gusta, lógicamente, que nos digan las cosas buenas.

Jesús curó a la suegra de Pedro, dio consuelo y solución a decenas de enfermos que salían a su encuentro al ponerse el sol e increpaba a los demonios para que abandonaran a los poseídos. Todo el mundo le estaba agradecido, hasta tal punto que deseaban que se quedara con ellos para siempre. Jesús debía sentirse –como se dice ahora– muy realizado. Estaría contento: porque es verdadero hombre e, igual que lloraría en el huerto, aquí las circunstancias le brindaban la oportunidad de estar muy feliz. Sin embargo, no pactó con la comodidad, sino que decidió ir a otros lugares, donde seguramente había de correr una suerte desigual. Sabía el riesgo que eso comportaba, pero Él no lo dudó y les dijo: *Pero él les dijo: «Es necesario que proclame el reino de Dios también a las otras ciudades, pues para esto he sido enviado»* (*Lc* 4, 43).

Consideremos hoy, a la luz de esta enseñanza del Salvador, la necesidad de salir al encuentro de los demás, y no quedarnos en lo cómodo. Como primer punto de tu oración bien puedes considerar el evangelio de hoy y pensar si tu mundo no es un poquitín a tu medida: una proporción pequeña y segura, pero no la del amor de Dios.

2. Prueba de vida. Así se llaman los diversos signos vertidos por los secuestradores para mostrar que la víctima aún sigue viva. El más habitual es una foto del secuestrado con el periódico del día extendido: al menos ha conocido el día en que está fechado el cotidiano.

Es muy oportuno alimentar el amor del matrimonio mediante frecuentes *pruebas de vida* que demuestren el amor mutuo. No sería un mal propósito, para los novios o esposos lectores de este libro, incorporar a su examen de conciencia una pregunta bien concreta: «¿Qué he hecho hoy para agradar a mi mujer? ¿Qué detalle he tenido con ella?». Pueden ser gestos de cariño que no se vean, tales como una oración especial u otras mil cosas que el espíritu enamorado es capaz de poner por obra; y cuidando siempre la rectitud de intención (o sea, porque la quieres), interesa que habitualmente se vea: porque así ella se siente más querida, y eso es muy importante.

Muchas veces, los esposos huyen de esas muestras de cariño por una especie de deseo a no parecer vulnerables o por una sensación de que, total, ya es mi esposa y eso no hay quien lo cambie. Piensa que, si tardas mucho en manifestar un mínimo de sensibilidad hacia ella, lo más probable es que, cuando lo hagas, ella te pregunte por qué no lo hiciste antes.

Por supuesto, cuando se de esa situación, tú no entenderás nada: «para un día que me pongo va ella y me saca textos de hace tres años». Ella, por su parte, tampoco te comprenderá –ni a ti ni a ella misma– porque verá que, cuando quieres, eres muy «majo», y eso le dará un montón de pena por el solo hecho de pensar que habitualmente pasas y no lo eres. Así que no dejes de preguntártelo cada día: «¿qué he hecho hoy por ella?».

Al contrario –de mujer a marido– la cosa también requiere su esfuerzo: muchas veces, a la mujer le resulta incomprensible que las preferencias de su esposo sean tan básicas. Sí, convéncete: le gusta el fútbol, y las repeticiones son tan importantes como el gol mismo. No se entiende, ¿verdad? ¡Qué cosa tan infantil!; pero es así... Y luego, los resúmenes: larguísimos. Siempre lo mismo, emocionándose igual con el gol del mundial y el himno de la Champions. ¿Quién puede comprenderlo?

No es difícil agradar a un chico: la mayoría de ellos disfrutan un montón con el deporte, la comida y otras cosas simplísimas. Cuando le faltan, se enoja, y es algo que la otra parte ha de intentar comprender. Casi todo varón se enfada cuando tiene hambre, y se contenta muchísimo con manjares suculentos. Así de sencillo. Todo será mucho más fácil porque, en vez de discutir, te preguntarás si acaso no es la hora de la cena y por eso está así de pesado.

Todos estos detalles significan, ni más ni menos, salir de uno mismo en la vida matrimonial (y, de algún modo, en el noviazgo). Y eso, ni más ni menos, es salir a predicar el reino de Dios a ese con quien convivo.

3. Algunos de los nuestros, no obstante, decidieron «salir» –literalmente– de su propia tierra para llevar el buen nombre de Jesús a otros pueblos: son los que abrazaron una vida de entrega en el celibato, el sacerdocio o la vida religiosa.

No cabe duda de que Jesús debió sufrir en su decisión de abandonar a su familia, a sus amigos, y al entorno agradable y seguro de Nazaret. Es más, cuando volvió a predicar a la sinagoga de su pueblo experimentó el amargo sinsabor de la falta de fe de sus paisanos: no se fiaron de Él, no quisieron comprender ni su llamada ni su mensaje de salvación. Seguro que el corazón de Cristo padeció mucho por la incomprensión de aquellos que llegaron a pensar que no estaba en sus cabales. Aquellas personas a las que había dedicado –¡el hombre-Dios!– treinta años de su vida, no podían comprender el empuje de su inmensa caridad y su corazón universal de Dios-Amor.

Reza hoy por esos que se dan al Señor de un modo particular: es posible que algún familiar o amigo tuyo haya tomado ese camino. Ruega mucho por él, pon su rostro en tu oración, como representando a todos aquellos que, después de haber estado junto al Padre en el «lugar solitario» de la oración, decidieron ir a anunciar el reino de Dios a las *sinagogas* de todo el mundo.

VIGESIMOSEGUNDA SEMANA. JUEVES

1. Por una inocente ley de banderas.
2. En las aguas profundas del mundo.
3. Constancia, proximidad a Dios y simpatía.

1. En el año 1807 se obró una de las conquistas más reseñables del espíritu humano: *se abolió definitivamente la esclavitud dentro del Imperio Británico*. Coincidiendo con el bicentenario de tan señero hecho, se estrenó en la gran pantalla la película *Amazing Grace*, cuyo título obedece a la famosa canción que aunó las voces de los que sostenían esta causa.

William Wilberforce había sido elegido miembro de la cámara de los comunes en 1781. Fue entonces uno de los parlamentarios más jóvenes, llegando al escaño a la edad de tan solo 21 años. Una noche le invitaron a una cena especial: un esclavo (Olaudah Equiano) había comprado su libertad, y viajaba por todo el mundo buscando denunciar los malos tratos a los que había sido sometido:

«Un día eres raptado de tu casa en África y separado de tu familia y amigos. Eres forzado a viajar a pie con tus captores. Tú no entiendes lo que ellos dicen y no tienes idea de dónde estás siendo llevado. Su piel es extraña y pálida. Eres llevado a un barco. Tus captores te cambian por armas y otros bienes ofrecidos por los comerciantes de esclavos. Luego te suben a bordo y te colocan bajo cubierta. Te hacen tumbarte en pequeños espacios y te colocan cadenas y grilletes. El lugar es asfixiante, caluroso y está atestado. El mal olor del sudor, los desechos humanos y la muerte inundan tus sentidos, como los gritos, lloros y quejidos de tus compañeros africanos esclavizados».

Wilberforce comenzó su lucha en 1787. El parlamento no quería escucharle, eran muchos los que lucraban cantidades ingentes de dinero con el mercadeo de esclavos; es más, el triángulo comercial de esclavos que unía los tres continentes que bañan sus costas en el Atlántico sostenía la economía del Imperio. Después de ocho infructuosos años, Wilberforce hubo de tomar un respiro a causa del quebranto de su mala salud. Tenía cada vez más enemigos. Con todo, no cejó en su empeño: nuevas iniciativas legales, boicoteo del consumo de azúcar proveniente de manos esclavas, decenas de miles de firmas... nada, ningún resultado.

En 1806, impulsado por John Stephens promovió una nueva ley que prohibía cualquier tipo de ayuda al comercio de esclavos con colonias francesas. En realidad, se trataba de una ley de banderas que afectó a numerosos buques británicos que, bajo bandera estadounidense, comerciaban en medio de la guerra. Fue un golpe definitivo. En 1807 se acordó la abolición de la esclavitud, veinte años después de que iniciara su vida parlamentaria.

Wilberforce venció merced a su paciencia y a su ingenio. No se cansó de luchar; tampoco en cuanto a las ideas: fue capaz de generar nuevas tácticas hasta que consiguió lo que se había propuesto.

Muchos males envilecen nuestros días. El «aborto» es hoy para muchos tan normal como la esclavitud en el siglo XVIII. Podemos gastar nuestra existencia diciendo que es un atentado a la vida: no basta.

Al Capone fue un asesino y un mafioso... que acabó en cárcel por evadir impuestos. Quizá fue responsable por miles de asesinatos y crímenes aún más horribles, pero solo le llevó al presidio el impago al fisco. El abuso de los esclavos era un atentado contra los derechos humanos, pero se suprimió por una ley de banderas. ¡No son simples casualidades!: si tuvieron lugar es porque personas constantes en su pelea tuvieron iniciativas geniales. Fueron originales... ¿serás capaz de hablar con Dios y pedirle ser un poquito más original para poder aportar «algo» a tu mundo?

2. *Rema mar adentro* (*Lc* 5, 4). Jesús invita a sus apóstoles a alejarse un poquito de la costa, a abandonar la cómoda visión de la playa para entrar en lo profundo del mar, buscar la línea del horizonte y poner rumbo a ella.

Nuestro Señor sigue gritando *mar adentro* a los corazones que quieran escucharlo; a las almas que deseen tomar parte protagonista en el mundo que les ha tocado vivir. Es muy cómodo quedarse tranquilo en casa y no intervenir *para nada* en los problemas sociales. A la vez, es muy poco cristiano. Hay mil formas de colaborar: una manifestación a favor de la vida, de la familia, un *blog* que siembre ideas positivas, contribuciones en la prensa, comentarios inteligentes en las redes sociales, promoción de modos de ocio alternativos o un tipo de voluntariado eficaz con los más necesitados...

Cuando nos fiamos de Él, y remamos a lo profundo, no debemos temer: porque Él va con nosotros. Jesús está en la barca: habla con Él, pídele consejo respecto a tu vida cotidiana, habla con Él como con un amigo... y no tengas miedo a defender la vida, el amor y los valores que sostienen al ser humano... en definitiva, a hablar de Dios, que –sabes bien– toma cariñosísimo cuidado de cada una de sus criaturas.

Es muy posible que entre los lectores de estas páginas se encuentre el que, dentro de un tiempo, merced a una ingeniosa idea, haga tan poco rentable el aborto que acabe con él. Quizá dentro de treinta o cuarenta años habrá un museo del holocausto de los no nacidos, y los hombres se preguntarán cómo podíamos ser tan bárbaros en el siglo XXI. Y hablarán del Wilberforce que consiguió pensar, con la ayuda de Dios, una solución.

3. Se dice que Mark Twain oraba con estas palabras: «Señor, haz que los malos lleguen a ser buenos, pero, te lo suplico, ¡que los buenos lleguen a ser simpáticos!».

Jesús nos promete una pesca abundante, unas redes que rebosan. *Se rompía la red* (cfr. *Lc* 5, 6). Quiere, además, que seamos constantes, incapaces de desalentarnos ante las dificultades y, sobre todo, que le obedezcamos como Pedro: *por tu palabra, echaré las redes* (*Lc* 5, 5).

Además, junto a la constancia y la obediencia, no viene nada mal una racioncita de simpatía. Porque la constancia en la verdad no tiene por qué ser *casposa*; el empeño en el bien no es *totalitario* (¡no puede serlo!); y el amor por la belleza no es *apostasía* del mundo y de la vida: al contrario, el cristiano está metido en la entraña de la tierra, en lo profundo del mar del mundo, para ser levadura, para dar sabor, para iluminar.

Examina en este rato si eres inconstante o te da miedo remar *mar adentro*, porque cuentas poco con la eterna compañía del Dios que camina contigo.

Alimenta ahora, junto al Sagrario, tus deseos de responder mejor a Dios sirviendo al mundo en el que te ha tocado vivir.

VIGESIMOSEGUNDA SEMANA. VIERNES

1. El odre nuevo de la santidad y de la dulzura.
2. Para conseguir la dulzura con los demás:
dulzura con nosotros mismos.
3. Es normal que la enfermedad enferme
o la debilidad sea débil.

1. Nació en 1568, cerca de Mantua, en la italiana provincia de Lombardía, hijo de los príncipes de Castiglione. Desde pequeño, Luis Gonzaga comenzó a dar síntomas de desear la vida religiosa. Recibió la educación de su madre, y pronto ingresó en la Compañía de Jesús en Roma. Renunció a los derechos de príncipe que le correspondían por ser el hijo primero de la familia. Encontró el final de su vida en la juventud: cuidando enfermos en hospitales, contrajo él mismo una enfermedad que lo llevó al sepulcro en 1591.

Poco antes de morir, recibió una carta de su madre, apurada por su salud, angustiada por su enfermedad mortal. «Guárdate de menospreciar la infinita benignidad de Dios –contestó el joven moribundo– que es lo que harías si lloraras como muerto al que vive en la presencia de Dios y que, con su intercesión, puede ayudarte en tus asuntos mucho más que cuando vivía en este mundo. Esta separación no será muy larga; volveremos a encontrarnos en el cielo, y todos juntos, unidos a nuestro Salvador, lo alabaremos con toda la fuerza de nuestro espíritu». Y concluye con el deseo de que «no me falte tu bendición materna en el momento de atravesar este mar hasta llegar a la orilla en donde tengo puestas todas mis esperanzas. Así te he escrito, porque estoy convencido de que esta es la mejor manera de demostrarte el amor y respeto como hijo»[1].

A vino nuevo, odres nuevos (*Lc* 5, 38). San Luis Gonzaga es ese odre nuevo capaz de contener el vino santo de la gracia y de la santidad. Murió a sí mismo mucho antes de que su corazón dejara de latir: murió cuando se entregó a Dios. Desde entonces solo deseó vivir para su amor, difundir su caridad, su sonrisa, y encontrarse con Él en el prójimo, en los enfermos y, sobre todo, en la Eucaristía y en la confesión. Por eso no le extrañaba la muerte: porque deseaba ver definitivamente a Dios.

Nadie recorta una pieza de un manto nuevo para ponérsela a un manto viejo (*Lc* 5, 36). Es precioso el fruto de la gracia en el mundo; los hombres nuevos que son los santos. Los discípulos de Cristo no ayunan en la caridad, sino que desearían ser siempre dulces con los demás. Este va a ser el centro de nuestra oración de hoy, que bien puede empezar con una pregunta: «¿cómo es tu carácter?, ¿lo dominas?, ¿es un odre viejo o un manto pasado, incapaz de recibir la alegría de los dones de Dios?, ¿o es un odre nuevo, sonriente incluso cuando duele?».

---

[1] *Oficio de lectura de la memoria* (21 de junio).

2. Uno de los métodos más eficaces para conseguir la dulzura con los demás, decía san Francisco de Sales, es practicarla con uno mismo[2]. El corazón humano suele ser especialmente duro consigo mismo en las cosas que le hacen tropezar con frecuencia.

La persona pronta a la cólera o a la amargura, si quiere luchar contra ellas, muy probablemente se pondrá muy triste cuando se dé cuenta de que, una vez más, se dejó llevar por el orgullo. Lo mismo ocurrirá si lucha por gozar de una vida pura: cualquier caída de castidad le provocará seguramente un desasosiego muy grande. Sin embargo, es muy probable que el primero, tan preocupado por su soberbia, desprecie las caídas de la vista y de la pureza como si no importasen; o bien que el segundo, tan preocupado con los ataques de la sensualidad, se olvide con frecuencia de su ocasional o frecuente mal carácter.

Las observaciones de un padre cariñoso hechas con dulzura y cordialidad tienen mucha más eficacia que las dichas a un hijo, con el padre desatado por la cólera y la furia. Lo mismo ocurre en nuestro corazón cuando ha caído por cualquier culpa: si lo reprendemos con observaciones dulces y serenas, demostrando más compasión que pasión, lo llenaremos de fuerza para corregirse. El arrepentimiento será más profundo y nos comprometerá más a luchar que una represión llena de respeto, ira y amargura.

Así que, piensa despacio: «cuando caes, ¿cómo reaccionas? ¿Te fijas mucho en unos pecados y muy poco en

---

[2] San Francisco de Sales, *Filotea. Introduzione alla vita devota*, Milano [15]2010, pp.155-158.

otros? ¿Eres consciente que esa mala reacción es más bien hija de la soberbia que de la contrición?».

3. Si tu defecto dominante es, por ejemplo, el vicio de la vanidad –cosa muy habitual, visto el culto de nuestros tiempos a la propia figura– es muy probable que caigas de vez en cuando (o muy frecuentemente) buscando atraer las miradas de todos a tu paso, gastando tiempo innecesario delante del espejo, sufriendo indebidamente por un pequeño comentario peyorativo sobre tu físico, haciendo gastos superfluos en ropa que usarás media vez, vistiendo de un modo que sabes que a otros hace tropezar...

Cuando esto suceda, no te corrijas con la dureza de estos o parecidos términos: «mira que eres miserable y abominable; después de tanto propósito, tanto rezar, tanta resolución, ¡has vuelto a caer! ¿No te da vergüenza?¡Parece mentira...! ¿Cómo te atreverás ahora a alzar los ojos al cielo, a volver a confesarte de lo mismo? ¿Dónde está tu penitencia? ¿Dónde tu arrepentimiento?».

Más bien –es un consejo– razona así: «¡Ánimo! Con este pobre corazón he caído una vez más en aquello de lo que había prometido con sinceridad alejarme... Así somos: ya ves dónde acabo cuando me suelto de tu mano, Señor. ¡Arriba! Y a invocar una vez más la misericordia de Dios: ¡cuánto me aguantas!, ¡cuánto me amas! Espero en Ti; confío en que de ahora en adelante Tú me darás asistencia para permanecer aún más decidido; volveré a la lucha por el camino de la humildad. Gracias, perdón... y ayúdame más».

¡Alza tu corazón dulcemente cuando caes, humíllate grandemente delante de Dios con el reconocimiento de tu miseria!; pero no te extrañes de tu caída: es natural que la enfermedad esté enferma, que la debilidad sea débil, y que la miseria sea miserable. Desprecia con todas las fuerzas la ofensa que Dios ha recibido de ti y, con coraje y fe en su misericordia, vuelve al camino de la virtud que habías abandonado.

VIGESIMOSEGUNDA SEMANA. SÁBADO

1. Un enemigo de la libertad es la pereza.
2. Romper en caso de emergencia.
3. Aprender a descansar.

1. A decir verdad, no. Nunca hasta ahora había tenido la oportunidad de hacerlo, pero siendo tan clara la pregunta, no quedaba otro remedio. Jesús pregunta a los fariseos y, desde entonces, también a todos los lectores del Nuevo Testamento: *¿No habéis leído lo que hizo David, cuando él y sus compañeros sintieron hambre?* (*Lc* 6, 3). Los fariseos parece que conocían bien el pasaje… ¿y nosotros?

Se narra en el primer libro de Samuel. En concreto en el capítulo 21. David y los suyos llegan a Nob en plena huída de la cólera de Saúl. Allí coinciden con el sacerdote Ahimelec. Hambrientos como estaban, piden comer de los panes reservados a los sacerdotes. Ahimelec solo les pone una condición: que sus cuerpos estén puros. David asegura que así es, de modo que una vez alimentados pudieron seguir su camino. Además, el futuro rey de Israel toma el arma de Goliat, a quien había derrotado con su onda y que era custodiada en esa ciudad.

Jesús toma ocasión de este acontecimiento para mostrar que, así como David en una ocasión violó el precepto por un imperativo más urgente, así también Él considera legítimo que sus discípulos se alimenten con las espigas del campo en sábado por una razón superior: Él es el Señor del sábado, Él es el verdadero Dios.

En ambos casos se subraya la libertad de unos y otros para obrar lo que consideran oportuno. Es muy posible que nosotros no nos encontremos atados por preceptos religiosos o doctrinales, que nos impiden hacer determinadas cosas que pueden ser sanas y hasta oportunas. Ciertamente a nosotros nos roban la libertad otras cosas, igualmente esclavizantes: la incapacidad absoluta de prescindir de un utensilio de aseo, o de una serie de en tu plataforma preferida, o bien de alguna comodidad de la vida diaria. Y, sobre todo, la pereza.

Cristo demuestra en el evangelio de hoy que es característica propia del discípulo ser máximamente libre y conviene que nos examinemos hasta que punto también nosotros, guiados por la mano de tan buen Pastor, lo somos.

2. En nuestra meditación de hoy vamos a considerar no tanto la doctrina del Salvador como la actuación de David. En una situación de riesgo, el ungido de Dios supo tomar una determinación que, siendo arriesgada, resultó acertada.

Hay ocasiones en la vida en las que uno debe tomar una decisión pronta y resolutiva para poder seguir adelante. Recuerda un poco a esas vitrinas que hay en cada rellano de escalera, dentro de las cuales una manguera anti-incendios se ve protegida por un cristal donde figura el título: «romper en caso de emergencia».

En efecto, es frecuente que en la vida debamos «romper nuestro acostumbramiento con emergencia, en caso de rutina o parsimonia». No hablo de situaciones extraordinarias, sino todo lo contrario. Pongamos algunos ejemplos.

En algunas ocasiones, a causa del cansancio, el exceso de trabajo o una pequeña enfermedad, pequeñas tareas de la vida cotidiana se convierten en esfuerzos mayúsculos. ¿Sabes a lo que me refiero? Colgar un pantalón, lavar un plato, ordenar unos papeles o dejar el libro en su sitio. La indolencia campa a sus anchas en el alma desanimada, y comienza a hacerse fuerte en la voluntad débil.

Es cuestión de un momento; se trata de una decisión súbita: porque superado el primer ataque de la tentación, las cosas son mucho más fáciles. La alternativa es dejarlo estar, de modo que junto a la pereza crece el desorden, y con el desorden viene el agobio, después la inoperancia y finalmente el stress... y todo puede acabar en el pecado que busca consuelo. En conclusión, mayor cansancio.

«Voluntad. —Energía. —Ejemplo. —Lo que hay que hacer, se hace... Sin vacilar... Sin miramientos...

Sin esto, ni Cisneros hubiera sido Cisneros; ni Teresa de Ahumada, Santa Teresa...; ni Iñigo de Loyola, San Ignacio...

¡Dios y audacia! —"Regnare Christum volumus!"»[1].

---

[1] *Camino* 11.

3. También hay situaciones de mayor dificultad que pueden motivar un estado de inactividad o de falta de ganas. De encontrarnos así, debemos pedir al Espíritu Santo la gracia de acabar con esa desidia tan pronto como sea posible. Puede venir causada por un desempleo prolongado, o una larga enfermedad, o una debilidad acusada. En tales circunstancias prende en el ánimo una especie de alergia al esfuerzo: todo cuesta.

Nuestra conciencia sabe que es mucho mejor trabajar y llevar las cosas al día; poner la vista en los demás... pero resulta casi imposible hacerlo porque, con igual o mayor claridad, nos vemos portadores de una voluntad inútil o debilitada. No puedo. No puedo más.

Si esa es tu situación admite, al menos, un consejo que puedes meditar a continuación. Aprende a descansar. Para mejorar en este propósito es decisivo un mejor conocimiento de uno mismo.

¿Conoces en qué ocasiones llegas a esas situaciones de desgaste que tanto te agotan? ¿Acaso no serás capaz de preverlas? ¿no ves que trabajar así acabará contigo?

Si, por el contrario, ves que te sobra tiempo y eso te llena de hastío, ¿por qué no te decides a ponerlo al servicio de los demás? ¿has probado a implicarte en un voluntariado eficaz? ¡Tienes mucho que dar!

Si lo tuyo es una enfermedad, ¿intentas rezar más, leer más, tener una seria dirección espiritual que te recuerde lo importante que eres para la Iglesia y para el mundo entero?

Se trata, en definitiva, de ser dueños de nosotros mismos para dar lo mejor. Como David en el libro de Samuel. Como Cristo en el evangelio. En definitiva, como Dios quiere que seamos cada uno de nosotros: hijos de Dios que han recibido en herencia la creación entera.

VIGESIMOTERCER DOMINGO. CICLO A

1. La corrección fraterna:
un servicio de caridad y de perdón sin límite.
2. Cuando la corrección debe ser pública.
3. Alguna disposición para hacer y recibir
la corrección fraterna.

1. En el evangelio de hoy, Jesús nos explica el modo concreto y específico de realizar la corrección fraterna (cfr. *Mt* 18, 15-17). Primero, nos anima a advertir de su error al amigo –al hermano– que peca. Si por la razón que fuera no hace caso, se debe insistir nuevamente, esta vez contando con uno o dos testigos que confirmen la oportunidad de la corrección. Imaginemos que ni por esas reacciona; toca decirlo a la comunidad entera. En caso de que nada de esto fuera eficaz, el miembro enfermo debe ser expulsado de la Iglesia, porque un miembro enfermo puede gangrenar el conjunto.

El marco en el que Jesús explica la corrección fraterna puede ayudarnos a entenderla. Habla del servicio a los pequeños, del perdón sin límite y de su presencia cuando varios están reunidos en su nombre. Corregir a otro no es solo un tema de educación en la virtud; es sobre todo un servicio de caridad, un modo de prevenir la crítica que cuenta con la ayuda de Jesús a través de su singular presencia entre los creyentes.

Visto así, la corrección fraterna no parece ser una cosa opcional, pasajera o inútil. Todo lo contrario. Es de mandato evangélico; es voluntad de Cristo que nos corrijamos unos a otros. De hecho, Él mismo enmendó la voluntad de los suyos en múltiples ocasiones. Baste recordar aquella ocasión en la que Pedro le dice a Jesús que eso de la Pasión no es para Él. Cristo le llama Satanás, y le reprende duramente a la vista de sus discípulos. La escena hace pensar a Jesús alzando la voz. Imponente.

No es la única ocasión. También amonestó al grupo de los discípulos cuando discuten quién será el mayor de todos, o cuando se muestran inútiles y no consiguen expulsar un demonio. También corrige la voluntad desordenada de Santiago y Juan, cuando le piden sentarse a la derecha y a la izquierda en el reino de los cielos.

Fiados por su palabra y ejemplo, los cristianos han tenido siempre presente la necesidad de velar unos por otros. «Si descubres algún defecto en el amigo, corrígele en secreto», dice san Ambrosio. «Las correcciones, en efecto, hacen bien y son de más provecho que una amistad muda. Si el amigo se siente ofendido, corrígelo igualmente; insiste sin temor, aunque el sabor amargo de la corrección le disguste. Está escrito en el libro de los *Proverbios* que las heridas de un amigo son más tolerables que los besos de los aduladores (cfr. *Pr* 27, 6)»[1].

---

[1] San Ambrosio, *De officiis ministrorum* III, 125-135.

2. En el libro de los *Hechos de los Apóstoles*, así como en las cartas paulinas, se expresan los diversos modos en que se manifestó el mandato evangélico de corregir al que yerra.

Voy a relatar solo uno que, no obstante, resulta ejemplar. Me refiero a la corrección de san Pablo a san Pedro; más significativa si tenemos en cuenta de dónde viene el apóstol de los gentiles. Perseguidor de los cristianos, Saulo se ha convertido recientemente al cristianismo. Gracias a la compañía y enseñanza de san Bernabé, y a la participación intensa en la vida de formación y comunidad de Antioquía, Pablo profundiza en el conocimiento de Cristo Jesús. El nuevo apóstol tiene conocimiento de las palabras de Pedro respecto a los paganos, cuando enseña que no es necesario el cumplimiento de la ley para llegar a ser cristiano. Sin embargo, cuando llega a sus oídos que Cefas cambia su discurso cuando está con los judíos, y que al dejarse influir por los más cumplidores está cambiando su parecer respecto a la circuncisión, Pablo le reprende públicamente (cfr. *Ga* 2, 11-14).

Como ya Jesús había hecho notar, puede llegar a existir el caso en el que la corrección debe ser conocida de varios. Pública fue la conducta de Pedro, pública hubo de ser su enmienda.

¿Doloroso? Responsable. Cuando eres profesor, catequista, monitor o líder de cualquier grupo humano, hay situaciones donde la virtud de la justicia requiere la pública restitución. Un miembro del grupo (que sea) que mantenga una posición pecaminosa, abiertamente conocida y ocultada a la autoridad para evitar la reprensión, debe ser amonestado de modo ejemplar. Cuando un grupo oculta cosas a quienes los lideran, toda tarea de formación es arrojada por la borda. Será imposible transmitir nada, porque no existe el bien más básico que permite educar: la confianza.

Recuerdo, en este sentido, una falta grave cometida por un muchacho durante una convivencia. No solo no evitó volverlo a hacer, sino que durante los tres primeros días de peregrinación se mantuvo firme en su grave mal actuar. Cuando el responsable descubrió lo acaecido, no tuvo más remedio que expulsarle, porque había conseguido que su pecado fuera el de todos, al ocultarlo sistemáticamente.

La corrección debe hacerse siempre a solas; salvo que la situación requiera la pública admonición o la caridad reclame la expulsión de la comunidad, porque «peor eres tú callando que él faltando»[2].

3. Dos disposiciones pueden ayudarnos a la hora de encajar o realizar la corrección fraterna.

La actitud apropiada para quien recibe la corrección del amigo debe ser *la gratitud*. «El hombre bueno se alegra de ser corregido; el malvado soporta con impaciencia al consejero»[3], decía Séneca. El filósofo decía bueno, nosotros podríamos decir humilde. El sencillo recibe con naturalidad la corrección porque, «¿qué tiene de extraño que yo me equivoque?». Me pregunto dónde nos encontramos tú y yo; entre los que se molestan al ser advertidos (los malos), o somos de aquellos que se alegran con la enmienda (los humildes). Piénsalo despa-

---

[2] San Agustín, *Sermo* 82, 7.

[3] Séneca, *De ira* 3, 36, 4.

cio... porque nada tiene de raro que nos equivoquemos con frecuencia. Nada.

Respecto a quién realiza la corrección fraterna, ningún consejo más oportuno que ser persona de criterio. Corregir por tonterías es exasperar al prójimo. Y no corregir por nada, indolencia. ¿Cómo conseguir esa ponderación necesaria?

Desde luego, en primer lugar, mediante la edificación de la propia alma. La lectura de libros espirituales, la oración diaria, y la lectura de buena literatura, ayuda muchísimo a alcanzar la hondura necesaria de quien quiere ser pastor de sus familiares y amigos. Las prisas de estos días nuestros no ayudan mucho al sosiego interior necesario para la corrección justa.

Además, en segundo lugar, es muy útil buscar el consejo de otros. En todas las culturas, salvo en esta nuestra (¿es cultura?), los ancianos siempre han sido tenidos como un referente moral. A ellos se les consulta lo más grave, porque hay gran seguridad de que su experiencia de vida avala su palabra profunda.

Nosotros podemos gozar del consejo de padres y abuelos, además de los sacerdotes que, no en vano, son llamados ancianos (presbíteros) en la Escritura Santa. Ellos pueden llegar a ser magníficos consejeros. Ten confianza.

Finalmente, la toma de decisión concreta para hacer tal corrección debe pasar necesariamente por el filtro del Sagrario. Rezar por el motivo de la corrección, rezar por quién va a ser corregido, y encomendar el modo de realizarlo, para que sea siempre conforme a las reglas de la más fina caridad.

VIGESIMOTERCER DOMINGO. CICLO B

1. Ese sordo que apenas puede hablar... somos tú y yo.
2. Vivir la travesía de la vida a pan y queso.
3. Gestos concretos de cariño.

1. Jesús cura a un sordo que apenas podía hablar. ¿Quién es? ¿Cuál es su identidad? Somos tú y yo.

Sordos, porque muchas veces somos incapaces de entender. Dios nos habla a través de mil medios que la mayoría de las veces pasan inadvertidos a nuestra atención. Nos habla por la dulce voz de los pastores de la Iglesia –en la doctrina, en el catecismo–, y juzgamos con dureza esa palabra, que tiene dos mil años, pensando que la institución no es lo suficientemente moderna y ha quedado anclada en presupuestos del pasado. La mayor parte de las veces es una excusa: decimos que la Iglesia debería cambiar para, al final, no cambiar nosotros.

Dios llama nuestra atención, por otra parte, a través de los consejos comprensivos y exigentes de la confesión y de la dirección espiritual. El Espíritu Santo se hace presente cuando hacemos nuestras confidencias delante del sacerdote, y trata de mover interiormente nuestros corazones con la fuerza de su virtud oculta.

Finalmente, los acontecimientos cotidianos vienen también cargados de un relieve sobrenatural que no siempre somos capaces de ver: pegados a tierra, nos cuesta elevarnos.

Es verdad: somos sordos, y sordos que apenas saben hablar. ¡Cuánto nos cuesta dar testimonio de nuestra fe y defender el buen nombre de Jesucristo y de su esposa la Iglesia!

Sin embargo, Dios no se cansa de dirigirnos su Palabra. Es más, Él quiso hacer comprensivo su amor, y, como dice el profeta Isaías, *abrevió su Palabra*, es decir, la hizo pequeña para que comprendiéramos su grandeza. Dios se encarnó y se hizo débil, pequeño, «abreviado»: en el seno de María, en la pobreza del pesebre en Belén, en la desnudez del amor hasta el final de la cruz, en la Eucaristía.

Presentaron a Jesús un sordo que apenas podía hablar... (Mc 7, 32). *Nos* pusieron a ti y a mí delante de Dios para que, con nuestro torpe entender y nuestra pobre palabra, tengamos este rato de diálogo con Él.

2. La crisis de alimentos que azotó su país les hizo buscar nueva fortuna emigrando a América. Ahorraron todo lo posible y embarcaron con sus escasas pertenencias rumbo a Nueva York. A inicios del siglo XX, vivieron, como muchas otras familias, momentos difíciles.

Eran muchos días de viaje. No pudieron permitirse muchos lujos para cuidar de su alimentación, de modo que durante toda la travesía no comieron más que pan y queso. Todos los días, uno tras otro. El pequeño de la familia lloraba ante la perspectiva del recurrente menú de desayuno, comida, cena. Quería comer los manjares de la cocina del barco. El padre decidió, el último día, hacer un esfuerzo y gastar todas sus reservas en una comida.

Cuando volvieron de la opípara colación, el niño aún se lamentaba: lloraba sin parar, ante la desolada mirada de los padres. «Ya has comido como querías, ¿ahora qué más quieres?». Y es que el pequeño había descubierto que el billete de pasajero incluía en el precio una comida al día...

Al comentar esta historia, Benedicto XVI concluye: hay personas que hacen la travesía de su vida a pan y queso, es decir, tristes por una vida monótona y sin amor. Quizá se dan cuenta solamente cuando ya es demasiado tarde.

Fíjate en lo que dice el evangelio de hoy: *presentaron a Jesús un sordo*. Alguien se preocupó de recordar al enfermo que la peregrinación de esta vida incluye algo más. Si no le hubieran llevado donde el Maestro, quizás se hubiera quedado para siempre «a pan y queso», o sea, en la tristeza de su mudez y su sordera.

Es momento de examen: de pensar con la ayuda del Espíritu Santo si también yo vivo sin la alegría de acercarme a Dios con confianza. La travesía de la vida incluye la paz y el amor de Dios, la trascendencia. Considéralo despacio: ¿vivo la vida con monotonía? ¿He encontrado la alegría de vivir con Dios, de hacer todas las cosas de la mano de Jesús? ¿Soy capaz de presentar a otros delante de Jesús, para que ellos también descubran la alegría de la gracia?

3. *Le curó.* Pero observa bien cómo: no lo hizo solo con el pensamiento o, como en aquella otra ocasión, con la palabra: *quiero, que tu criado quede sano* (cfr. *Mt* 8, 13).

No. Aquí Cristo quiso sanar al sordo *tocándole*; aún más, con su saliva le tocó la lengua (cfr. *Mc* 7, 33-35).

Jesucristo quiso curarlo con un gesto «bien concreto», para que tú y yo comprendamos que las almas descubren el amor de Dios y crecen en la amistad con Él a través de «concretos gestos de cariño».

Estaremos en disposición de *presentar a otros delante de Jesús* en la medida en que nos preocupemos «sinceramente» por los demás. No basta hablar genéricamente, como quien propone un sistema de pensamiento: hay que querer a cada uno, con gestos concretos. Piensa que, si tú tienes fe, es porque también contigo hicieron así: el amor de tu madre, tierno y cercano, que se preocupó de mostrarte con obras concretas de amor la necesidad de servir a Dios y vivir la caridad; o tal vez un amigo, que se preocupó por ti o te abrió su intimidad descubriéndote un panorama insospechado de vida cristiana; o la solicitud de un Papa, a quien fuiste a ver durante una Jornada de la Juventud: quizá fue entonces cuando te encontraste con Cristo.

El cariño sincero salpicado de obras, no lo dudes, mueve los corazones de los hombres a confiar en ti. Será entonces cuando tú los presentarás al Señor y les harás sentir lo hermosa que es la vida cuando nos fiamos de Él.

VIGESIMOTERCER DOMINGO. CICLO C

1. Una meta ajena al camino fácil: ser discípulo.

2. Ser transcendentes para poner a Jesús en el primer lugar.

3. El apego a lo que un día alegremente dejamos.

1. Cristo se muestra particularmente severo en nuestro evangelio de hoy. En sus palabras da explicación de las características del seguimiento: *Si alguno viene a mí y no pospone a su padre y a su madre, a su mujer y a sus hijos, a sus hermanos y a sus hermanas, e incluso a sí mismo, no puede ser discípulo mío. Quien no carga con su cruz y viene en pos de mí, no puede ser discípulo mío* (*Lc* 14, 26-27).

Más adelante señala la oportunidad de calcular los gastos antes de empezar a construir, o bien de echar cuenta del número de soldados antes de la batalla. Vincula tales ejemplos al apego a las riquezas, al punto de concluir que *todo aquel de entre vosotros que no renuncia a todos sus bienes no puede ser discípulo mío* (*Lc* 14, 33).

El evangelista nos explica que hablaba a mucha gente. Este matiz hace pensar que tales exigencias están dirigidas no a unos pocos sino a todos, si bien, particularmente pensadas para aquellos que quieren seguirlo de cerca. Para sus discípulos. Para nosotros.

La misión de comunicar a Cristo con la palabra y con las obras no es exclusiva de sacerdotes y religiosos. Es para todo hijo de Dios. Desear abrazar esta meta, tan llena de bondad, requiere olvidarse del camino fácil.

Comunicar el evangelio y ser portadores del amor de Dios pasa por el testimonio capaz de mostrar que la conversión es posible. En el trabajo, en la familia, en cada uno de los ambientes que ocupan la vida cotidiana del cristiano, debe lucir un único propósito: transparentar a Cristo. Enseñar a los demás, sin ruido de palabras, lo bueno que es ser cristiano. Cuesta, y por eso mismo vale mucho la pena.

El punto fundamental en este deseo de ser apóstoles pasa por un sincero ofrecimiento a Dios y a los demás. Mediante una relación personal con Dios a través de la oración y los sacramentos se obra esta entrega. Entonces, el cristiano recibe una fuerza arrolladora –la gracia– que hace visible la caridad de Dios, actuante aún hoy en medio del mundo.

Nosotros fuimos llamados a esa vida de discípulos el día mismo de nuestro bautismo. Es momento de preguntarnos si deseamos ser contados entre los que, por amor, llegan a la renuncia de sí mismos: en gustos y apetencias, en todo.

2. Dos peligros que obstaculizan la tarea del seguimiento se anuncian en el texto sagrado: poner a Cristo en un lugar secundario y estar apegado a las riquezas. Detengámonos en el primero de ellos.

El modo para poner a Dios en el centro de la vida pasa a través del recogimiento. «Me impresionó en una ocasión» comentaba el Papa Juan Pablo I al clero romano «ver en la estación de Milán a un mozo que, con la cabeza apoyada sobre un saco de carbón junto a una columna, dormía felizmente... Los trenes salían silbando y llegaban haciendo chirriar sus ruedas; los altavoces daban continuos avisos incómodos; la gente iba y venía con ruido y alboroto, pero él –que continuaba durmiendo– parecía decir: "Haced lo que os parezca, que yo tengo necesidad de estar dormido". Algo similar deberíamos hacer nosotros los sacerdotes: entorno a nosotros hay continuo movimiento y ruido de personas, periódicos, radios y televisiones. Con medida y disciplina sacerdotal, debemos decir: "A partir de cierto punto, para mí, que soy sacerdote del Señor, vosotros no existiréis; yo debo encontrar un poco de silencio para mi alma; me separo de vosotros para unirme a mi Dios"»[1].

«Haced lo que os parezca, que yo tengo necesidad de silencio». Este compromiso no solo va dirigido a los sacerdotes, sino a toda persona que quiera darse sinceramente en medio de lo ordinario.

Sin la vista puesta en lo alto, será difícil escapar a una percepción del día a día llena de defectos y molestias. Sin sentido de transcendencia, se subrayan las faltas del prójimo y las carencias de la vida, al punto de que la existencia cotidiana viene a resultar cargante y carente de interés.

Es cierto: si no hay transcendencia, pronto nos daremos de bruces con la realidad. No hace falta hacer la prueba. Lo conocemos demasiado bien. Es momento de

---

[1] Juan Pablo I, *Discurso al clero romano* (7-9-1978).

conceder una oportunidad a lo contrario: unidos más a Dios, seremos más benévolos.

Para eso es necesario disponer un tiempo exclusivo y de calidad para Él. Siempre. Sin falta. Como decía el Papa: con medida y disciplina... cristianas.

3. La segunda amonestación del Salvador advierte del apegamiento a las cosas. En numerosas ocasiones hemos hablado de la pobreza y del desprendimiento; no parece oportuno repetir una y otra vez los mismos argumentos.

Descubramos entonces un nuevo aspecto de la falta de pobreza, dirigido especialmente a los que llevan años de seguimiento. Hablo de recuperar tristemente parcelas que en la juventud fueron entregadas con entereza e ilusión.

Este peligro se cierne sobre todos los cristianos: sacerdotes y laicos. En la juventud, se abrazó una vocación que, estando llena de luz, también anunciaba una multitud de renuncias. Los hijos, las dificultades en el trabajo, la convivencia diaria y otros mil factores pueden conducir a un cierto acomodamiento que busca pequeñas compensaciones.

Nunca hubo caprichos, porque había que sacar adelante la familia o la vocación, pero transcurridos los años se comienza a ceder. Lo que al inicio era impensable, después se torna habitual.

La mayoría de las veces son pequeñeces. También de ellas ha de estar advertido el seguidor de Cristo. Aunque los ejemplos puedan resultar banales, no es inútil mostrar algunos. Hablamos de tomar una bebida alcohólica sin venir a cuento ni celebrar nada; llenar la nevera de cosas inútiles y refinadísimas, con el único fin de dar satisfacción al propio gusto; torcer la intención y pensar en comprar tal o cual coche no tanto por el bien de la familia como por el qué dirán; modificar mis planes de verano en función de lo que hacen o dicen otros...

Pequeñas pero continuas pérdidas de libertad acaban por aferrarnos a esas cosas que, a pesar de ser sutiles, se interponen opacamente entre Dios y nosotros. Él comienza a estar lejos, y nuestras manías y defectos demasiado cerca. Se enfría el alma. Se acaba el apostolado. El interés por ser generoso se extingue y, con él, el deseo de acercar almas a Dios. Se deja de transparentar a Cristo para mostrar nuestras propia nada.

Cuentan que el cura de Ars causaba gran impresión sobre todos los que iban a verle. Un abogado de Lyon lo resumió admirablemente. Cuando le preguntaron qué había visto en Ars, respondió: «he visto a Dios en un hombre».

Eso, y no otra cosa, es un sacerdote... y en cierta manera, eso, y no otra cosa, debe ser un discípulo.

VIGESIMOTERCERA SEMANA. LUNES

1. A solas, cara a cara.
2. El valor de la persona que tengo delante.
3. Ciegos que no ven.

1. *Un sábado entró Jesús en la sinagoga a enseñar* (*Lc* 6, 6). San Lucas no nos aporta ningún dato topográfico más, pudo suceder en cualquier lugar. Yendo de un lugar a otro el sábado le pillaría en una población de paso y acudió con sus discípulos a la sinagoga. Mientras iba de camino con sus discípulos se cruzaba con hombres y mujeres que, como ellos, iban a santificar el sábado. Correría la voz de que el Rabbí de Nazaret, el de los milagros, estaba en su pueblo y se dirigía a su sinagoga. Apretarían los pasos para llegar y coger buen sitio. También Jesús entró con los Doce y se sentó. Comenzaron las oraciones de ritual y la lectura de la Palabra de Dios.

Invitado por el archisinagogo se dirigió al pueblo para explicarles la lectura que acababan de escuchar. Todos tenían los ojos fijos en Él, los oídos atentos y los corazones dispuestos. Pero antes de comenzar a hablar, el Maestro fija su mirada en un hombre entre todos: está ahí, escondido, intentando pasar desapercibido. Estaba enfermo, *tenía la mano derecha paralizada.*

Los escribas y fariseos se miraron de una manera cómplice. Miraban a Jesús y al hombre, ¿Qué pasaría? ¡Menuda presión para Cristo! Pero nada le intimida, *Él conocía sus pensamientos y dijo al hombre de la mano atrofiada: «Levántate y ponte en medio».* Todos le miran, le temblarían las piernas, no sabría cómo comportarse. Todos se hicieron a un lado y le dejaron solo en el centro, frente a Jesús. Aunque la sinagoga estaba abarrotada, aquel hombre se creía único ante Jesús, su mirada divina no miraba hacia nadie, estaba pendiente solo de él.

Hemos de aprender que la oración es esto: solos frente a Jesús. Desprendernos de todo: externo (móvil, ruido, distracciones etc.) e interno (pensamientos, agobios, sueño etc.). No puede ser la mera repetición de fórmulas hechas, o la búsqueda frenética de una paz impersonal. Disfrutar de esa soledad acompañada que supone la presencia de Dios, enfrentarnos cara a cara con Él, dejarnos que nos mire y nos hable; escucharle.

2. Jesús conocía la falta de rectitud de intención de aquellos «hombres de Dios» y por eso les pregunta: *¿Qué está permitido en sábado, hacer el bien o el mal, salvar una vida o destruirla?* Para aquellos hombres solo existían unas normas rígidas carentes de humanidad, se habían olvidado del bien integral de la persona por el cumplimiento literal de una ley que precisamente había sido impuesta para bien de la persona.

Ante la mirada enérgica de Jesús, los escribas y fariseos se ven obligados a bajar su mirada y a aguardar en silencio para ver cómo se desarrolla la escena. Ante el sufrimiento de alguien no hay recetas ni principios fría- mente aplicables. Lo primero es hacernos cargo de la persona que tenemos delante. Lo primero es escuchar, hacerse cargo de su situación, qué le pasa y por qué: que la persona hable. Cuántas veces en nuestras conversa- ciones de familia, o entre amigos, no escuchamos, nos interrumpimos o rápidamente cortamos la narración con un consejo rápido e inconsciente.

Pararnos y mirar a las personas que están junto a nosotros, escucharlas, es el mejor camino para poder ayudarlas. En un mundo rápido y de tantas prisas es algo difícil pero no debemos tirar la toalla ni olvidar ha- cia dónde nos dirigimos. El tiempo mejor empleado es el que pasamos con la gente si lo sabemos aprovechar adecuadamente.

Qué pena me dan esas relaciones en las que no se profundizan, en las que uno para el otro son unos per- fectos desconocidos en asuntos importantes; amistades superficiales que dejan el alma triste en momentos de dificultad. Los cristianos, por nuestro trato con Jesús, deberíamos ser auténticos expertos en la amistad, ca- paces de disfrutar de toda relación sana que nos haga crecer.

Corazones grandes abiertos a grandes amistades, donde se comparta no una copa o un rato de baile, sino una vida. Amistades que saquen lo mejor de uno, en las que puedo apoyarme en cualquier momento, para llo- rar, reír, gritar o disfrutar juntos. La pregunta no es qué puedo sacar de ella sino como podemos vivir juntos me- jor. Pero a veces estamos en otra honda.

3. Jesús pasa por encima de las complicaciones y desa- fiando a los que le rodean, *echando en torno una mirada* *a todos, le dijo: «Extiende tu mano». Él lo hizo y su mano quedó restablecida*. El milagro es inmediato, pero precisa de la colaboración de aquel hombre, *extiende tu mano*. Él confía más en la palabra de Jesús que en sus propias posibilidades o en lo que la realidad muestra, hace el movimiento que se le pide y lo consigue. Fiarse de Dios, huir de ese falso «realismo» imperante que niega todo lo que no se ve, entiende o está de acuerdo con la moda imperante. ¡Qué felicidad de aquel hombre! Cuánta puede ser también nuestra alegría si nos fiamos de Jesús, en lo grande o lo pequeño; en lo que nos pida.

Y, sin embargo, los hombres discurrimos de otra manera. El último versículo del Evangelio de hoy produce un gran desconcierto y una profunda tristeza: *ellos, ciegos por la cólera, discutían que había que hacer con Jesús*. No hay nada peor que un ciego que no quiera ver. Delante de sus ojos se acaba de obrar un milagro, no hay dudas; antes tenía la mano atrofiada y ahora no, y solo ha mediado la palabra de Jesús... pues son incapaces de reconocerlo.

Que nunca perdamos la objetividad, que la cólera u otra pasión descontrolada no hagan que dejemos de apreciar lo bueno, lo bello que hacen otros. Por desgracia nuestro mundo está también lleno de personas que no quien ver: su soberbia, sus prejuicios o sus ideologías tóxicas les impiden enfrentarse a la realidad con una sana mirada.

Cada uno de nosotros tendremos siempre la necesidad –con la gracia de Dios– de purificar nuestra mirada, para ver la realidad –personas y situaciones– con los ojos de Cristo, para amarla con su Corazón, para iluminarla con su palabra.

VIGESIMOTERCERA SEMANA. MARTES

1. Antes de tomar la curva, frenar.
2. Si juzgamos a los apóstoles con parámetros terrenos,
¡qué gran decepción!
3. Llamados por el bautismo.

1. Una familia de once hermanos. Todos pasaron por la misma autoescuela para sacarse el carnet de conducir. Las clases para el examen teórico las impartía Ernesto, un buen hombre que había dejado la navegación por los automóviles. Su mujer le había implorado una y mil veces que se quedara en tierra, que no embarcara más, y él aceptó por complacerla. Encontró este trabajo como profesor que, por otra parte, le daba muchas compensaciones, porque tenía muy buen trato con los alumnos.

Siempre proponía las mismas anécdotas. Todos años las mismas enseñanzas. Los once hermanos llegaron a aprenderlas de memoria, a fuerza de comentarlas siempre que montaban juntos en coche. La más recurrente era la de «antes de entrar en la curva, reducir marcha, entrar a la velocidad adecuada, y al vislumbrar el final, acelerar para ceñirse mejor».

En los primeros cinco capítulos de su evangelio, san Lucas nos narra los orígenes de Jesús, nos presenta la figura de san Juan el Bautista y el inicio de su vida pública. Hoy –ya en el capítulo 6– Jesús se retira a orar. Como en la máxima del profesor de autoescuela, Jesús frena un poco. Había comenzado su actividad echando demonios y predicando después de su bautismo en el Jordán. Ahora se va a rezar; consulta a su Padre Dios en ese diálogo maravilloso que mantienen desde toda la eternidad, antes de comenzar esa labor preciosa y delicada que es la elección de hombres que le acompañen en su misión: los apóstoles.

Cuando comenzó el día, Jesús aceleró a fondo... y eligió a los doce. Es su grupo de confianza. Los íntimos. Los que le ayudarán a llevar la buena nueva a todo el mundo.

En aquellos días, Jesús salió al monte a orar y pasó la noche orando a Dios. Cuando se hizo de día, llamó a sus discípulos, escogió de entre ellos a doce, a los que también nombró apóstoles (...). Venían a oírlo y a que los curara de sus enfermedades; los atormentados por espíritus inmundos quedaban curados, y toda la gente trataba de tocarlo, porque salía de él una fuerza que los curaba a todos (*Lc* 6, 12-13.18-19).

Tiempo de pensarlo: tiempo de rezar. Porque nosotros también queremos tocarle, y participar en primera persona de esa fuerza capaz de sanar. ¡Cuántas veces en el silencio de la oración se escuchan palabras de consuelo! «Yo también quiero oírte –díselo– y ensimismarme con tu palabra. Quiero, Jesús de mi alma, conocerte mejor. Saber que estás ahí. Tener la certeza de que eres un Dios celoso que nunca te olvidas de mí... y alimentar mis deseos grandes de jamás abandonarte».

2. *El hombre mira la apariencia, pero Dios mira el corazón* (*1 S* 16, 7). Si repasamos la elección de los apóstoles, veremos cómo se cumplen estas palabras. Si juzgamos a esos hombres en una perspectiva meramente terrena, nos parecerá con acierto que eran pobre gente, escasamente considerados en la sociedad de su tiempo.

Ni siquiera eran virtuosos. Por lo que sabemos, en líneas generales podemos decir que eran envidiosos: se enfadan porque Santiago y Juan piden a Jesús estar uno a la derecha y otro a la izquierda. Además, eran bastante mezquinos e insensibles, pues cuando Jesús se dirige con ellos a Jerusalén, lleno de dolor ante la pasión que le espera... ellos discuten por el camino quién será el más importante en el reino de Cristo. En otras ocasiones tampoco darán muestra de una brillante inteligencia: Jesús les habla de librarse de la levadura de los fariseos y ellos piensan que les recrimina el no haber comprado pan; o cuando les explica las cosas en parábolas... y aun así no entienden nada.

Si en lugar de considerarlos en grupo, vamos uno a uno, tampoco salen mejor parados. Pedro: un tipo nada fácil, pronto al enojo, siempre dispuesto a la respuesta rápida y a la reacción violenta; Mateo: un colaboracionista de los romanos, quizás avaro y dedicado al denario; Simón: un celote, agresivo, violento, que no hacía ascos al enfrentamiento...

Es consolador pensar que el criterio de Dios es muy distinto del nuestro. *Llamó a los que Él quiso* (*Mc* 3, 13) y con su gracia los hizo capaces de cosas que jamás hubieran imaginado. Ellos, por su parte, fueron humildes, y eso también es muy bonito: no ocultaron su miseria en su predicación, y así lo recogieron los evangelios. Quisieron que los cristianos de todos los tiempos supiéramos que nuestros padres en la fe, los apóstoles, eran tanto o más miserables que nosotros.

El pensamiento de Dios no ha cambiado. Si estás aquí leyendo es porque te ha elegido, te quiere, y te da la gracia para perseverar. Te ha sucedido exactamente lo mismo que a los apóstoles. Ánimo: Dios es bueno y, a los que desean amarle, les hace capaces de hacerlo. Basta que hagas lo que esté de tu mano: *facienti quod est in se, Deus non denegat gratiam.* Suena a tópico: pero es una verdad muy grande. Haciendo lo que está en tu mano, Dios no deniega la gracia.

3. El evangelio de hoy te puede animar también a pedir a Dios que nunca se te olvide –ni te acostumbres– al hecho de que Él ha querido contar contigo. Te ha llamado por el bautismo, y tiene una vocación específica preparada para ti. Es cosa divina, nunca te acostumbres: jamás.

Reza y pide humildad para que sepas reconocer su llamada, y responder con generosidad, dando gracias a Dios por la grandeza de la divina elección. Te ha elegido para ser pincel en manos del artista, martillo de escultor, instrumento capaz de comunicar la gracia de Dios a otros hombres.

Cuentan que el Padre Pío, en alguna ocasión, cansado de la muchísima gente que le pedía tantísimas cosas, suplicaba a las masas que lo seguían: «¡Dejadme ser sacerdote!». Deseaba sacar tiempo para orar y poder celebrar la Misa con devoción aún mayor.

Tú puedes decir lo mismo, respecto de tu vocación: cuando las cosas agobien y todo parezca que se nos viene encima, como jaculatoria interior… «¡dejadme ser hijo de Dios!». Dejadme sacar tiempo para poder rezar con amor, para trabajar bien, para ser un amigo de verdad, una persona que disfruta con su vida, iluminada por tanta gracia.

VIGESIMOTERCERA SEMANA. MIÉRCOLES

1. Una biografía interior de Jesús.
2. Jesucristo, en las bienaventuranzas,
describe a los que tenía delante.
3. Las bienaventuranzas: el discurso de alta montaña.

1. ¿Cómo era –cómo *es*– Nuestro Señor Jesucristo? El Nuevo Testamento nos brinda un conjunto de elementos que nos permiten describirlo a grandes rasgos. No sabemos cuánto medía, o de qué color era su cabello; sin embargo, podemos contemplarlo muchas veces, deducir su carácter a partir de sus conversaciones, conocer el tono de su voz, la calidez de su mirar, su delicada forma de tocar...

Aún podemos preguntarnos algo más interesante para nosotros, que deseamos ser discípulos de Cristo. ¿Cómo era el Señor en su interior? ¿Cómo es Jesús «por dentro»? Sabemos que su corazón es manso y humilde, ejemplo para todo corazón humano: *venid todos y aprended de mí* (*Mt* 11, 28), nos ha dicho.

Las bienaventuranzas que escuchamos en el evangelio de hoy son una biografía escondida de la interioridad de Jesús, una descripción acabada de su alma y corazón, de su yo más humano y más íntimo: más divino. Jesús, en el fondo, habla de sí mismo: Él es pobre, Él está hambriento, Él llora y es perseguido.

El conjunto de las bienaventuranzas se integra en la larga tradición del Antiguo Testamento, que describe al justo: *bendito el hombre que ha puesto su confianza en el Señor* (*Jr* 17, 7; cfr. *Sal* 1, 1). Solo que ahora la justicia de ese hombre se presenta en profundidad.

La pobreza de Jesús está en no tener más riqueza que su Padre Dios; su hambre y sed no es un estado físico, sino el deseo de llevar a todos los hombres la vida de la gracia y el Espíritu Santo; sus lágrimas son las del corazón que sufre por las injusticias de los hombres y su empeñada falta de conversión; la persecución que le atenaza es la de la verdad, entonces crucificada en su cuerpo y hoy en cada cristiano perseguido.

Los discípulos –tú y yo– desean ser como Jesús. ¡Qué Dios aparte de nosotros riquezas y satisfacción, alegrías mundanas o bienestar material, si suponen alejarnos un solo milímetro de Él! Porque la alegría del corazón, la identificación de nuestra alma con la de Cristo, está justamente en poner toda nuestra confianza en Dios y abandonar en sus manos todas nuestras cosas: nuestra familia, nuestros amores, nuestros bienes, nuestro carácter... que todo esté sujeto a su divina providencia. Entonces –solo entonces– seremos dichosos.

2. *Él, levantando los ojos hacia sus discípulos, les decía...* (*Lc* 6, 20) porque Jesús, cuando realiza este admirable y antológico discurso, lo hace describiendo la realidad que ve.

Delante de Cristo estaban los pobres que nada tienen; los sufridos que no hayan consuelo; los hambrientos que no tienen alimento para el cuerpo ni cultura con que labrar su inteligencia; los despreciados de la sociedad y del mundo. Cristo tenía ante sí a sus discípulos.

E igual que entonces, hoy el Señor mira a los suyos: alza los ojos y te ve rezando, a ti y a tantos otros. Con espíritu de examen, podemos preguntarnos si ante este panorama podría Jesús repetir las bienaventuranzas. ¡Desde luego que sí!: siempre ha habido hombres y mujeres que han sabido ser auténticos discípulos. Hoy queremos serlo tú y yo.

San Pablo vivió intensamente las bienaventuranzas, expresándolas en primera persona. *Nos acreditamos en todo como ministros de Dios con mucha paciencia en tribulaciones, infortunios, apuros; en golpes, cárceles, motines, fatigas, noches sin dormir y días sin comer; procedemos con limpieza, ciencia, paciencia y amabilidad; con el Espíritu Santo y con amor sincero; con palabras verdaderas y la fuerza de Dios; con las armas de la justicia, a derecha e izquierda; a través de honra y afrenta, de mala y buena fama; como impostores que dicen la verdad, desconocidos, siendo conocidos de sobra, moribundos que vivimos, sentenciados nunca ajusticiados; como afligidos, pero siempre alegres, como pobres, pero que enriquecen a muchos, como necesitados, pero poseyéndolo todo* (2 Co 6, 4-10).

¡Dichoso tú cuando te sientas así! Se critica a la Iglesia, pero todos te consultan ante la dificultad; se dice que el cristianismo ha muerto, pero envidian tu modo de vivir y tu familia; te condenan cada vez que expresas una opinión que no va con la cultura dominante, pero nunca acaban de llevarte a la cárcel; te llaman ignorante e inmaduro porque necesitas a Dios, pero no pierdes la paz y la alegría: nada pides y a todos das...

La verdadera felicidad, la beatitud es, a la vez –dice Benedicto XVI en el primer volumen de *Jesús de Nazaret*– reconocer que cuanto hay de miserable en mí según los criterios mundanos, es justo lo que debe ser considerado como satisfacción y felicidad.

3. El evangelista Lucas añade un aspecto un tanto angustiante al término de su narración. Podrían llamarse las *malaventuranzas* (cfr. *Lc* 6, 24-26). Jesús condena a los ricos, a los saciados, a los que ríen y a aquellos de quienes el mundo habla bien. Y lo hace con palabras durísimas, y no sin mucho esfuerzo tú y yo podemos reconocernos en ellas. Es posible que seas muy feliz y estés contento... con una vida cómoda, sin hambre, con sonrisa. Te esfuerzas, sí, pero pensando en ti y en tu bienestar. En una palabra, pregúntate: ¿soy susceptible de ser maldecido por Cristo por el solo hecho de ser feliz?

Nietzsche consideró estas palabras de Jesús como un «crimen capital contra la vida». En su opinión, Cristo habría acabado con cuanto en el hombre hay de original, de espontáneo, de vital, de alegre. Definió las bienaventuranzas como una moral de esclavos, de resentidos. Describirían –dice– al que llora, sufre y padece «por su propia debilidad», prometiéndole como recompensa una victoria sobre todos los que lo oprimieron, que serán, por su parte, maldecidos y eternamente castigados. Es una crítica feroz que ha convencido a muchos.

Benedicto XVI no teme enfrentarse a ella. Sí –contesta–, las bienaventuranzas se contraponen a nuestro gusto «espontáneo» por la vida, porque proponen una vida más alta, y exigen la «conversión» para ser entendidas. Nuestra marcha interior está herida por el pecado, y nuestro sentido de la vida y del triunfo no siempre es el más pleno, ni siquiera el más humano, sino que a menudo está marcado por el «egoísmo». El discípulo de Cristo no teme darse a los demás, vivir para Dios. Sabe que es así como alcanza la plenitud de la vida. Tú piensa en la vida de los santos, del santo que quieras: ¿no te parece que fueron felices?

Lo que sucede es que el marco de las bienaventuranzas es un discurso de «alta montaña». Jesús nos quiere llevar a la cima del amor, capaz de prescindir de «todo» por ser de Dios y para los demás. Quien lo juzgue según parámetros meramente humanos, de bienestar material, egoísta, verá una esclavitud; quien lo lea con corazón puro, hallará el secreto de una vida enamorada: la santidad y la belleza de ser discípulos de Jesús.

VIGESIMOTERCERA SEMANA. JUEVES

1. A vosotros los que me escucháis.
2. Imposible para los hombres,
no para Dios ni para sus hijos.
3. Mérito, ¿qué mérito? y ¿de qué nos hace merecedores?

1. Si estás leyendo estas líneas es porque quieres escuchar a Dios. Y para ello has hecho un paréntesis en tu trabajo o tu estudio para buscar un lugar tranquilo –el mejor es, sin duda, junto a Jesús en el sagrario– donde ponerte en presencia de Dios, hacer silencio exterior e interior, y adentrarte en los misterios de su vida y de la tuya. Tú eres de aquellos a los que se dirige hoy el Señor en las palabras que recoge el evangelio de san Lucas cuando dice: a *vosotros los que me escucháis os digo* (*Lc* 6, 27). Tú quieres escucharle. Hay muchos que no, entonces y ahora. Muchos que oyen, pero no escuchan. Muchos que no encuentran tiempo para Él, que no hacen esta parada en su jornada. Por eso, una primera petición para tu oración de hoy: «Señor, dame siempre hambre de tus palabras, deseo de acudir a ti para escucharte».

¿Y qué quiere decirte hoy Jesús? *Amad a vuestros enemigos, haced el bien a los que os odian, bendecid a los que os maldicen, orad por los que os calumnian* (*Lc* 6, 27-28). Palabras de exigencia extraordinaria, de esas que al escuchar o leer hacen que uno se retuerza ligeramente en el banco de la Iglesia... si las tomas en serio. Y conviene que así lo hagas. Por eso no te dejes arrastrar por considerarlas desde un punto de vista abstracto o teórico. De esa tentación parecen querernos librar los ejemplos tan concretos que pone Jesús a continuación señalando el camino a seguir. Piensa por eso en quien te ha hecho daño, en quien te ofendió con sus palabras o sus actos. en ese compañero o compañera de colegio que te lo hizo pasar mal, en ese jefe que te hace el trabajo cuesta arriba, en aquella amistad que terminó traicionado tu confianza. No te es difícil, probablemente, comprender que es bueno dejar eso atrás, no guardar rencor, pues hacerlo es encadenarte a ese dolor del pasado y llenar de amargura tu alma en el presente. Pero, ¿amar? ¿rezar por ellos? ¿quererlos bien? Eso son palabras mayores. ¿Quién puede hacer eso?

2. *Maltratado, voluntariamente se humillaba y no abría la boca: como cordero llevado al matadero, como oveja ante el esquilador, enmudecía y no abría la boca* (*Is* 53, 7). Así profetizó Isaías acerca de la pasión de Cristo. Y cuando la abrió desde la cruz fue para decir: *Padre, perdónalos, porque no saben lo que hacen* (*Lc* 23, 34).

Jesús es quien ha amado a sus enemigos, a los que le han condenado a la cruz. Él no ha devuelto el golpe, no ha maldecido. Ha disculpado y ha rezado por ellos, los ha bendecido con su entrega. En la pasión, muerte y resurrección de Cristo es donde se nos revela de manera privilegiada este modo de obrar de Dios que *es bueno con los malvados y desagradecidos* (*Lc* 6, 35). Jesús, particularmente en su entrega generosa en la cruz, nos muestra la misericordia del Padre.

Imitar a Jesús en su misericordia con quienes le han condenado a la cruz sería razón suficiente para poner empeño en cumplir estas palabras suyas. Pero lo que hay para ti en lo que el Señor ha hecho es mucho más que un buen ejemplo para seguir. No olvides que tú no eres mero espectador. Tú también estás –lo mismo que yo– entre los que gritan e increpan a Cristo en el camino de cruz. Son tus pecados y los míos los que claman contra el inocente pidiendo a Pilato su sangre en lugar de la nuestra. Tú y yo nos contamos entre esos «malvados y desagradecidos» con los que el Señor es bueno, aunque no lo merecen de ningún modo. Él nos ha liberado y dado nueva vida. ¿No es lo justo que tú y yo hagamos con quien nos ofende lo que ha hecho el Señor antes con nosotros?

Vale, es lo justo, lo más apropiado y coherente con lo que hemos recibido de Dios, pero volvemos a la pregunta del punto anterior ¿quién puede hacer esto? Porque sigue antojándose una empresa inalcanzable. Esa impresión también la tuvieron los primeros discípulos en muchas ocasiones, en algunas incluso se lo manifestaron al Señor. La respuesta del Maestro en esas ocasiones deja todavía más claro que ciertamente se trata de una tarea sobrehumana: *es imposible para los hombres no para Dios* (*Lc* 18, 27). ¿Quién puede amar y perdonar al enemigo? Dios, ya lo has visto, en Cristo. Dios… y sus hijos, los que tienen la vida y el amor de Dios. Él quiere que rompamos el círculo del odio y de la maldad con la fuerza del amor, no del nuestro –que es frágil e inconstante– sino del que hemos recibido de Él. Dios no te pide que seas un héroe, te pide corresponder con su amor, vivir de él. Él capacita el corazón humano para perdonar y para tener la misericordia que tiene Él. Perdonar, olvidar y desear bien ante la afrenta cuesta, pero con el amor y la gracia terminarás por poder hacerlo.

3. En el evangelio de hoy Jesús, para animar a los suyos a esforzarse en cumplir sus palabras sobre el amor a los enemigos y la misericordia yendo más allá de lo que hace la gente, les repite –como un desafío– la pregunta: *¿qué mérito tenéis?* (*Lc* 6, 33). De este modo, implícitamente al menos, queda claro que hay que hacer méritos. una idea que, junto con la misma palabra «mérito», es hoy muy poco apreciada tanto en ámbito social como, permíteme la expresión, eclesial. Y no hay que olvidar que la salvación hay que merecerla. Pero, ¿dónde deja esto la gratuidad de la salvación y que solo es posible para Dios? Pues lo deja en su punto justo. Solo Dios podía obrarla y solo Cristo que es Dios y hombre verdadero podía obra una acción que mereciese la salvación. Por eso el mérito es el de Cristo y el mérito de nuestras obras es el de Cristo cuando estas siguen su mandato y son alentadas por la caridad. Nuestro mérito consiste en apropiarnos –debidamente– de los méritos de Cristo en la cruz.

¿Y qué me hace merecer? Pues asemejarte más a Dios. Como promete Jesús: *será grande vuestra recompensa y seréis hijos del Altísimo* (*Lc* 6, 37). El premio es, precisamente, ser misericordioso como el Padre, como Cristo. tener un corazón semejante al suyo capaz de amar con generosidad y magnanimidad. ¿Y no es circular el razonamiento? Porque para poder amar al enemigo debo tener el amor de Cristo en mi alma y hacerlo mío y a la vez decimos que el premio es tener un corazón semejante al del Señor. Pues sí, hay circularidad, la circularidad del amor. Solo amando como Cristo puedes ser semejante a Él y solo asemejándote a Él podrás amar como ama Él. Pídele a Jesús entrar en ese círculo virtuoso y no abandonarlo jamás.

VIGESIMOTERCERA SEMANA. VIERNES

1. Antes de pensar, estudiar.
2. Poner nuestros defectos y las virtudes de los demás delante de nuestra vista.
3. Conocimiento pormenorizado de uno mismo: los pecados capitales.

1. Un grupo de sacerdotes estudiantes en Roma encontraron el modo perfecto de estudiar bioética. Habían bautizado sus reuniones con el nombre de *bio-pizza*. La primera parte del encuentro constaba de una lección magistral sobre la materia que fuese, siempre dentro del campo ya descrito: en general, situaciones morales complejas que afectan a la vida: aborto, clonación, fecundación in vitro, etc. Después de la exposición y las preguntas, subían al ático del magnífico edificio universitario, y allí ingerían unas buenas pizzas mientras contemplaban el *tramonto* en la ciudad eterna. Un plan perfecto.

La clase de aquel día fue particularmente tensa. Sin entrar en pormenores, un alumno manifestó un cierto disenso con don Marcelo, que era un sacerdote portugués doctor en moral y en medicina. En vista de la dificultad de llegar a una respuesta común, el estudiante concluyó que «pensaría la cuestión». El doctor apostilló: «estudia... y luego podrás pensar. Pero primero estudia».

«Todo lo que aprendas, dedícate a aprenderlo con la mayor profundidad posible», escribía un patriota italiano del XIX. «Los estudios superficiales producen demasiado frecuentemente hombres mediocres y presuntuosos»[1].

Cuando Jesús habla de ciegos que guían a otros ciegos, es más que posible que se refiriera también a esos hombres banales que, sabiendo poco, son presuntuosos. Quieren ser maestros sin saber, y eso les conduce inevitablemente al hoyo. A ellos y a sus alumnos.

El mejor modo de asegurar nuestra buena vista es permanecer siempre en el deseo de aprender; de ser profundos. Esto se aplica a todos los ámbitos de la vida, sacudiendo nuestra cotidiana y frenética actividad. ¿Leo alguna novela? ¿me mantengo al día con respecto a mis estudios universitarios o profesionales? ¿Dedico un tiempo diario –diez o quince minutos– a profundizar en la doctrina cristiana mediante la lectura de un libro espiritual? ¿Está mi descanso planificado a espaldas de lo intelectual?

Recuerda que, como decía Séneca, «el ocio, si no va acompañado del estudio, es la muerte y sepultura en vida del hombre».

2. El pasaje evangélico continua. Después de haber advertido la necesidad de gozar de buena vista para guiar a otros, Cristo acusa al corregidor injusto que, notando la mota en el ojo ajeno, es incapaz de sacar la viga del propio. La frase ha hecho fama, y es conocida por casi

---

[1] S. Pellico, *Doveri degli uomini*, VI.

todo el mundo. El mensaje parece estar claro: corregirse antes que corregir (cfr. *Lc* 6, 39ss).

Una fábula griega ilustra ya, antes de Cristo, esta realidad. En ella se nos cuenta que Júpiter nos colocó al nacer una albarda sobre los hombros. En la parte delantera, están los defectos ajenos y las virtudes propias. En la espalda, se amontonan los defectos propios y las virtudes ajenas. Así, al caminar, uno aprecia con claridad meridiana sus propios elementos positivos, al tiempo que se remarca invariablemente lo más negativo del prójimo... sin darnos cuenta de que también nosotros tenemos nuestros defectos, y los demás, sus virtudes.

La conversión a la que estamos continuamente llamados debe exigir de nosotros invertir esta descripción. Mi consejo es que, como primer paso, trates de fijarte en lo que los demás tienen de bueno. Intenta destacar, internamente, sus virtudes. Si no fueras capaz de verlas, pide gracia, porque te puedo asegurar que las tienen.

Trata, además, de no pensar en sus defectos: reza por ellos, además de corregirles oportunamente si fuera necesario, según la norma de la más exquisita caridad. Quítales importancia pensando que serían mucho menos molestos si tú tuvieras un poquito más de paciencia. Porque la culpa de que los vicios sean cargantes es fundamentalmente de quien los tiene... pero también un poco de quien los sufre.

3. Si unimos los dos aspectos que hemos anotado en la meditación de hoy (estudio «profundo» y conocimiento de los propios defectos), llegamos a la conclusión de la necesidad de un conocimiento pormenorizado de nosotros mismos.

Ese conocimiento pasa por la descripción de nuestro defecto dominante. Es posible que tengamos miles de fallos, pero siempre hay uno más destacado de los demás. Ese es el mayor obstáculo para nuestra vida espiritual y suele ser fuente de la mayoría de los males que nos aquejan.

Generalmente, ese defecto dominante va vinculado a uno de los siete pecados capitales. En ellos se resume, de algún modo, todo el mal que el hombre puede hacer, y por eso no es extraño pensar que alguno de ellos prenda a sus anchas en nuestras almas. Atiende a la descripción que de ellos hace un autor espiritual en esta larga, pero enjundiosa cita:

«El primero es la soberbia, que podría definirse como la búsqueda desordenada del propio honor y excelencia. Sería demasiado larga la lista de todos los pecados que se originan en la soberbia: la ambición excesiva, jactancia de nuestras fuerzas espirituales, vanidad, orgullo, he aquí unos pocos. O, para usar expresiones contemporáneas, la soberbia es causa de esa actitud llena de amor propio que nos lleva a "mantener el nivel, para que no digan los vecinos", a la ostentación, a la ambición de escalar puestos y figurar socialmente, "a estar en el candelero", y otros de parecido jaez.

El segundo pecado capital es la avaricia, o el inmoderado deseo de bienes temporales. De aquí nacen no solo los pecados de robo y fraude, sino los menos reconocidos de injusticia entre patronos y empleados, prácticas abusivas en los negocios, tacañería e indiferencia ante las necesidades de los pobres, y eso por mencionar solo unos cuantos ejemplares.

El siguiente en la lista es la lujuria. Es fácil percatarse que los pecados claros contra la castidad tienen su origen en la lujuria; pero también produce otros: muchos actos deshonestos, engaños e injusticias pueden achacarse a la lujuria; la pérdida de la fe y la desesperación en la misericordia divina son frutos frecuentes de la lujuria.

Luego viene la ira, o el estado emocional desordenado que nos impulsa a desquitarnos sobre otros, a oponernos insensatamente a personas o cosas. Los homicidios, riñas e injurias son consecuencias evidentes de la ira. El odio, la murmuración y el daño a la propiedad ajena son otras.

La gula es otro pecado capital. Es la atracción desordenada hacia la comida o bebida. Parece el más innoble de los vicios: en el glotón hay algo de animal. Causa daños a la propia salud, produce el lenguaje soez y blasfemo, injusticias a la propia familia y otras personas y una legión más de males demasiado evidentes para necesitar enumeración.

La envidia es también un vicio dominante. Hace falta ser muy humilde y sincero consigo mismo para admitir que lo tenemos. La envidia no consiste en desear el nivel que tiene otro: ese es un sentimiento perfectamente natural, a no ser que nos lleve a extremos de codicia. No, la envidia es más bien la tristeza causada porque otros estén en una situación mejor que la nuestra, como un sufrimiento por la mejor fortuna de otros. Deseamos tener lo que otro tiene y que no lo tenga él. Por lo menos, desearíamos que él no lo tuviera si nosotros no lo podemos tener también. La envidia nos lleva al estado de mente del clásico "perro del hortelano", que ni disfruta con lo que tiene ni deja disfrutar a los demás, y produce el odio, la calumnia, difamación, resentimiento, detracción y otros males parecidos.

Finalmente, está la pereza, que no es el simple desa-grado ante el trabajo; hay mucha gente que no encuen-tra su trabajo agradable. La pereza es, más bien, rehuir el trabajo ante el esfuerzo que comporta. Es el disgusto y rechazo de nuestros deberes, especialmente de nues-tros deberes con Dios. Si nos contentamos con un bajo nivel en nuestra búsqueda de la santidad, especialmente si nos conformamos con una mediocridad espiritual, es casi seguro que su causa sea la pereza. Omitir la Misa en día de precepto, descuidar la oración, rehuir nuestras obligaciones familiares y profesionales, todo proviene de la pereza.

Estos son, pues, los siete pecados capitales: sober-bia, avaricia, lujuria, ira, gula, envidia y pereza. Sin duda tenemos la laudable costumbre de examinar nues-tra conciencia antes de acostarnos y, por supuesto, al ir a confesarnos. De ahora en adelante, sería muy pro-vechoso preguntarnos no solo "qué pecados y cuántas veces", sino también "por qué"»[2].

---

[2] L. J. Trese, *La fe explicada* (Madrid 1980⁵) 87-89.

VIGESIMOTERCERA SEMANA. SÁBADO

1. La necedad de no poner cimientos.
2. La genética es implacable.
3. ¿Y si no veo los frutos?

1. Un buen amigo arquitecto me comentaba que el evangelio de hoy es el preferido de los arquitectos. Pero no hace falta ser arquitecto para darse cuenta de que es mejor poner cimientos al construir una edificación que no ponerlos. Es más, en lugares que se ven azotados con frecuencia por huracanes, se hace patente la conveniencia de construir con solidez. Entonces, ¿por qué construir sin cimientos?

El segundo hombre de la parábola que cuenta Jesús construye sobre tierra directamente, sin cimiento, no porque piense que es mejor hacerlo así –esto sería un absurdo–, sino porque cree que no le hará falta. Piensa que con lo que hace le bastará para capear el temporal, que las aguas no llegarán tan arriba. Está convencido de que no merece la pena el esfuerzo que supone poner cimientos. Ahí está su necedad.

Cuando ante algunas palabras del evangelio, o de la doctrina de la Iglesia, tienes la tentación de pasar de puntillas o de hacer selección, ya sea por comodidad o porque piensas que es una exageración, vuelve sobre esta parábola. Si cuando Jesús en tu oración te pide más fidelidad en la entrega y, mirando de reojo a quien te rodea, te dices «con lo que hago ya voy bien», piensa en este hombre que construyó sin cimiento. Porque ten algo por seguro: la tormenta llegará, los ríos se desbordarán y las aguas llegarán adonde no creías que pudieran hacerlo. La vida nos pone a prueba como no nos atrevemos ni a imaginar. En ese momento es donde el cimiento, que no se ve, que está oculto, hace que no se venga todo abajo.

Pon tu vida sobre la roca que es Jesucristo, escucha su palabra y ponla por obra, aunque a veces cueste, aunque a veces no acabes de entender. En ocasiones solo entendemos del todo cuando llegamos al final. Hay cosas que solo comprendemos cuando la experiencia nos las presenta de un modo que antes no alcanzábamos a entender. Fíate de Jesús, y pon por obra la palabra que te dice al corazón. Son palabras que te darán solidez, que darán consistencia a tu vida, para que en el momento de la crecida no se la lleve el torrente.

2. *No se recogen higos de las zarzas, ni se vendimian racimos de los espinos* (*Lc* 6, 44). Esta afirmación de Jesús no deja de ser una obviedad. Las cosas dan fruto según su especie. Aquí la genética es implacable. Según lo que se siembre en un campo así se recogerá cuando llegue el momento de la cosecha. Según el tipo de árbol sabemos qué fruto dará. No es distinto en la vida espiritual. Lo que siembras, o mejor, lo que dejas que se siembre en tu alma, eso dará fruto llegado el momento oportuno.

Por eso considera qué dejas que se siembre en tu mente y en tu corazón, qué dejas pasar y echar raíces. *Porque de lo que rebosa el corazón habla la boca* (*Lc* 6, 45), lo que lleves en tu interior saldrá al exterior. Cuida tus lecturas, lo que ves en televisión, *youtube*, o lo que hablas con tus amigos. Todo eso importa. Una vez en tu interior ya no puedes decidir qué arraiga y qué no. Sí puedes, en cambio, decidir qué cosas dejas pasar, con qué vas a alimentar tu espíritu y qué vas a permitir que se siembre en tu interior. Dicen los publicistas que se necesitan más de diez impactos visuales para lograr fijar un mensaje en la mente del que lo ve. Si en tu mente, con la batalla de los impactos dejas que la ganen cosas que te apartan de Jesús y de su palabra ¿qué saldrá de tu corazón? ¿qué fruto darás?

3. Te preguntas quizá: ¿y si no veo los frutos? ¿y si me esfuerzo en mis prácticas de vida cristiana sin ver «resultados», o lucho contra tal pecado y parece que no mejoro? Calma. Lo primero, paciencia. La misma imagen agrícola exige como un componente esencial la paciencia. Las plantas no crecen en segundos ni dan fruto de manera inmediata. Tampoco en la vida obtenemos fruto automáticamente en aquellas cosas en las que nos esforzamos. Esto ocurre en todos los ámbitos humanos, en el trabajo, el estudio, el deporte..., también en nuestra vida cristiana. No desesperes a la primera, ni tampoco a la segunda, porque el fruto a veces tarda en llegar. Es verdad que la paciencia no es una virtud para la que nos prepare el mundo en que vivimos, dominado por la inmediatez. Pero persevera y espera un poco, ten confianza.

Aun así, he de reconocerte que el fruto del que venimos hablando es de Dios y Dios lo da cuando y como quiere, no es algo automático que se sigue de nuestras obras, por buenas que sean. El fruto es siempre de Dios, del Espíritu Santo que lo hace madurar en su sazón. Santo Tomás, comentando el pasaje de la *Carta a los Gálatas* en que san Pablo opone las obras de la carne y el fruto del Espíritu, se pregunta en qué sentido se habla aquí de fruto. Y explica que el fruto puede ser adquirido, como lo es por el estudio o el trabajo, o producido, como produce el árbol su fruto. Aquí el fruto no es nunca adquirido por nosotros, no se sigue sin más de tus obras; es producido por el Espíritu. Es verdad que cuando obras conforme al Espíritu tus acciones son como flores, dice santo Tomás, que, aunque aún imperfectas, anuncian ya la plenitud del fruto[1]. Reconoce la belleza que hay en tus actos cuando escuchas la palabra de Jesús y te esfuerzas en cumplirla y alégrate y goza con ella. A veces el fruto lo recibirás solo en el Cielo.

---

[1] Cfr. STO. TOMÁS DE AQUINO, *Super Gal* C5 l6.

VIGESIMOCUARTO DOMINGO. CICLO A

1. Decepción del Maestro.
2. Una pregunta incisiva.
3. Dos pensamientos contradictorios.

1. *Jesús y sus discípulos se dirigieron a las aldeas de Cesarea de Filipo,* con estas palabras, situando geográficamente la escena que vamos a considerar, comienza el evangelio de hoy. Si cogemos un mapa de Palestina descubriremos que Cesarea de Filipo se encuentra situada al norte, en los confines del territorio judío, rodeada de una población pagana en su mayoría. El Maestro se aleja «decepcionado», podríamos decir, del núcleo de Galilea; de aquellos lugares donde, a pesar de haber obrado la mayor parte de sus milagros, no han querido creer en Él. Sus coetáneos esperaban un Mesías político, que les liberase de la opresión romana y sometiese al mundo con las fuerzas de las armas; por eso se niegan a aceptar las lecciones de justicia, humildad y mansedumbre del profeta de Nazaret.

Es en este momento de «aislamiento voluntario» cuando el Maestro, a solas con los Doce, quiere completar la formación de sus discípulos. Ellos también oyen los comentarios en contra de Jesús, ven las reacciones de la gente y pueden verse influidos por todas esas circunstancias. El Maestro quiere ver cómo está el corazón de los suyos, pero primero les tantea: *¿Quién dice la gente que soy yo?* Las respuestas que dan los discípulos son muy parciales. Solo enumeran aquellos datos «positivos» que han escuchado: *Unos, Juan Bautista; otros, Elías; y otros, uno de los profetas.* Pero omiten que algunos lo consideran un blasfemo; estos un agitador de masas; aquellos un traidor y otros un enemigo.

A la luz de este pasaje no debe extrañarnos que la figura de Jesús siga siendo también hoy discutida y cuestionada. Es bueno que descubramos cómo piensa la gente a nuestro alrededor, estar al tanto de las distintas corrientes de pensamientos y examinarnos con frecuencia de cómo nos influye. No podemos pensar ingenuamente que pasamos por el mundo de puntillas, sin que las cosas nos rocen; porque no es así, no somos ángeles, somos hombres. Aunque a veces nos enredemos en discusiones casuísticas, el fondo, muchas veces, es que la gente –aunque diga con la boca lo contrario– no cree en la divinidad de Jesucristo.

Una y otra vez hemos de renovar nuestra fe (ahora es un buen momento para que lo hagas): Jesús, creo firmemente que Tú eres el Hijo de Dios, la segunda Persona de la Trinidad hecha hombre, que has muerto y resucitado por mí, y que estás vivo; que me ves, que me oyes y que me quieres.

2. Pero continúa la conversación de Jesús con sus discípulos: *Y vosotros, ¿quién decís que soy yo?* Esta pregunta es distinta, ya no tienen que hablar de lo que han oído, se pone en juego su propia vida. ¿Silencio breve?

¿Largo? ¿Incómodo o meditativo? No lo sabemos. Lo que sí que es seguro es que ese silencio fue roto, con un paso hacia delante de Simón Pedro, con una respuesta rotunda: *Tú eres el Mesías*. Todos lo pensaban, le habían visto actuar, obrar todo tipo de milagros, pero no se habían atrevido, quizá, a verbalizar todo lo que guardaban en su corazón. Qué alivio sentirían al escuchar de Pedro esa afirmación categórica.

No hay término medio, o le confesamos señor de la historia, o le negamos; no sirven las medias tintas con Jesús. Este diálogo entre Jesús y los Doce, hemos de imitarlo cada uno de nosotros. «Tú eres el Mesías» repetimos con Pedro.

Pero para que no se confundan les explica, nos explica a nosotros, en qué consiste su misión: *El Hijo del hombre tiene que padecer mucho, ser reprobado por los ancianos, sumos sacerdotes y escribas, ser ejecutado y resucitar al tercer día*. La fe no puede ser un mero sentimiento de amorosa confianza en Dios. Este sentimiento descansa en una certeza de la inteligencia. Creer es, ante todo, adherirse sin reservas a la verdad enseñada por Jesucristo.

Él, Jesús, que se nos ha revelado, tal y como aparece en los evangelios, no es una figura ñoña, que va haciendo milagritos; es el Dios-Hombre que para salvarnos, para redimirnos del pecado y de la muerte, llega al extremo de entregar su vida y luego resucitar. La Pasión y Muerte no es un adorno en la trayectoria del Maestro sino el momento culmen, junto a la Resurrección, de la obra redentora. Hemos de tener cuidado –es una tentación presente a lo largo de toda la historia– de hacernos un Jesús a nuestra media, eliminando aquellos aspectos que nos cueste entender o que nos resulten difíciles de vivir.

3. Entonces Pedro, movido por el amor al Maestro, al escuchar los vaticinios sobre su Pasión y Muerte, lo coge a un lado y le quiere disuadir de esa idea. Jesús, con gesto fuerte y para que se enteren todos le dice: *¡Ponte detrás de mí, Satanás! ¡Tú piensas como los hombres no como Dios!*

«¡Pobre Pedro! No sabía. Creyó que obraba bien y por otra parte, sigue esperando allá en el fondo de sí mismo que nada de eso le suceda a su Maestro. Por eso este prosigue su reprimenda. No ha mucho, cuando Simón declaró: "Tú eres el Hijo de Dios vivo". no hablaba como un hombre. Estaba inspirado por el Padre. Esta vez, al querer suprimir del plan providencial otro misterio, tal vez más oscuro aún que el de la Encarnación; el misterio de la Pasión y muerte del Hijo de Dios, no le escucha a Él, solo obedece a pensamientos humanos.

(...) El error del Apóstol fue, como siempre, el haber seguido el primer impulso, el haber discurrido instintivamente como hombre en vez de procurar, ante todo, comprender las enseñanzas divinas. Su error no puede ser inútil para nosotros ni la reprensión de que fue objeto (...). Simón Pedro por su bondadoso corazón quería impedir que Jesús padeciese. Obrando así le oculta su deber. Estemos alerta también nosotros para no disminuir en los demás "la noción de bien" aun obedeciendo únicamente a aquello que creemos ser su interés»[1].

---

[1] Georges Chevrot, *Simón Pedro*, 151-156.

Y para que nos quedara claro a los apóstoles de todos los tiempos, Jesús *llamando a la gente y a sus discípulos les dijo: «El que quiera venirse en pos de mí, que se niegue a sí mismo, que cargue con su cruz y me siga. Porque quien quiera salvar su vida, la perderá; pero el que pierda su vida por mí y por el evangelio, la salvará».*

¿Entendemos nosotros esto? ¿Y lo vivimos?

VIGESIMOCUARTO DOMINGO. CICLO B

1. La tentación de separar la vida del sacrificio...
¡como si hubiera otro modo de amar!
2. Ser Satanás para los demás.
3. Pensar como los hombres, pensar como Dios.

1. Como un mazazo cayeron las palabras del Señor. Pedro era consciente de que no lo había dicho con mala intención; es más, ni siquiera lo había pensado. Su carácter impulsivo le empujó a desear para Jesús lo que su corazón en ese momento le dictaba: «Tú no morirás nunca». Tal era su convencimiento, que no se conformó con un sencillo comentario. No. Se llevó a Jesús aparte, a una distancia prudente del resto de los discípulos, *y comenzó a increparlo*.

¡El pescador de Galilea increpando al Dios hombre! Pero eso no fue en absoluto lo que causó la enérgica respuesta del Señor. En absoluto, y no es exageración: Dios está acostumbrado a los reproches, sabe perfectamente que forman parte de su cruz que, voluntaria y amorosamente, deseó abrazar para nuestra salvación.

Jesús, verdadero hombre, reprocha a Pedro su comentario porque siente en lo más íntimo de su corazón la sugerencia del enemigo, como si le dijera: «no tienes por qué sufrir la pasión –escuchaba sibilinamente en su alma– piénsalo bien, hay mil modos más sencillos de demostrar el amor a los hombres... No te creas tan importante: en lo pequeño también está la correspondencia a tu Padre Dios».

Con voces como estas, que mezclan verdadero y falso –técnica habitual de Satanás– intentaba el enemigo hacer renegar a Cristo de su propia vocación de Mesías. Y lo hacía por boca de Pedro, por boca de amigo.

El apóstol seguía hablando; el resto contemplaba a distancia... cuando la voz potente de Jesús se alzó sobre la del discípulo. Cristo lo dijo bien alto, «de cara a sus discípulos, para que ninguno jamás dejara de enterarse: ¡Quítate de mi vista, Satanás! Apártate; vete lejos, diablo tentador. ¡Déjame! Mis puros oídos no pueden escuchar la infamia de tus palabras». Todos temblaron. Es Jesús cargado de autoridad. Pedro, avergonzado, bajó la vista: no había sido capaz de ver que *la cruz* es el modo elegido por Dios para salvar al mundo. Su amor había sido muy cortito.

Y muchos –tú y yo– tenemos esa tentación: separar nuestra vida del sacrificio, como si hubiera otro camino para llevar almas al Amor de Dios.

2. La reacción de Nuestro Señor Jesucristo es inusual, y a veces nos puede parecer incluso impropia. En ningún otro sitio del evangelio llama a nadie diablo o Satanás, salvo a los mismos ángeles caídos. En ningún caso afirma que Herodes o Pilatos sean Belzebú, tampoco lo dice de Caifás o Anás. Jesús reservó este macabro título para Pedro, porque se convirtió por un momento en altavoz de una de las tentaciones más fuertes que tuvo mientras caminó por las tierras de Galilea.

No obstante, el evangelista Marcos sí había empleado ya la palabra Satanás al inicio de su evangelio para referirse al tentador durante el periodo de Cristo en el desierto. A diferencia de Lucas que prefiere referirse a él como diablo, o de Mateo, que reserva el título de Satanás para la tercera tentación, en san Marcos es el protagonista de las tres. La primera vez que la escritura nombra a Satanás es con ocasión del servicio que presta David en las tropas filisteas. En una ocasión es puesto en retaguardia hasta que el oficial al mando repara en ello. ¿Qué hace un hebreo a nuestras espaldas? Será, según algunas versiones, como Satanás para nosotros, porque primero nos dejará pasar y luego nos sorprenderá por la espalda (cfr. *1 S* 29, 4).

Así pues, podemos decir que Satanás tiene mucho que ver con invitarte primero a ceder a la tentación para luego regodearse en la acusación. Eso es lo que intentaba hacer san Pedro con Cristo: inducirle primero a abandonar los planes de Dios para luego... acuchillar por la espalda. Por eso Cristo elige muy bien sus palabras al dirigirse a su amado amigo porque eso era exactamente lo que amenazaba con suceder. Y eso es lo que nos acaece a cada uno de nosotros cuando cedemos a las insinuaciones del enemigo: primero el pecado, luego la humillación.

3. Además, Jesús nos dice en qué consistió esta tentación: *¡Tú piensas como los hombres y no como Dios!* (*Mc* 8, 33). El enemigo quiere que pensemos *como hombres*, y no *como Dios quiere*.

Considerar las cosas al modo humano significa pensar que la cruz que Cristo presenta es humillación y desesperanza, un horror.

Dejarse llevar por razonamientos mundanos es tener una mente calculadora y un corazón egoísta, capaz de pesar los beneficios y las desventajas de cada cosa, de cada acción, para hacer finalmente solo lo que repercute en beneficio propio. Se busca siempre el balance positivo, a costa del sacrificio y de la entrega, a costa del amor y de la rectitud.

El alma humana, herida por el pecado, orgullosa y miope, se mira a sí misma, incapaz de encontrar sombra de interioridad que le recuerde su «ser para Dios». Así, nuestros contemporáneos –y quizás nosotros mismos– encuentran tantas dificultades para ver a Dios, y prefieren negar su existencia a admitir su propia ceguera: porque el demonio ha conseguido que piensen como hombres.

Por el contrario, pensar como Dios significa saber que el sacrificio es «un bien» que nos permite demostrar el amor hasta el final. La mortificación es algo bueno: porque igual que las personas son capaces de sacrificarse por una meta humana (el deporte, el físico, la belleza, la salud), mucho más lo seremos nosotros por un horizonte sobrenatural. En el sacrificio se gesta un corazón generoso, y crece en la mortificación un alma entregada.

No dejes de preguntarte, con sinceridad, sin miedo a exigirte: ¿soy generoso en las pequeñas mortificaciones diarias, constantes? ¿Sé elegir cuando tengo libertad, lo más desagradable? ¿Vivo el espíritu de penitencia, ofreciendo las contrariedades como reparación por mis pecados y los de todos los hombres?

Tres preguntas que son propósitos para el curso que comienza. De la mano de María, verás como eres capaz de llevarlos adelante.

VIGESIMOCUARTO DOMINGO. CICLO C

1. ¿Quién alumbrará nuestro camino?
2. Tres parábolas que son luz y calor para nuestra alma.
3. ¿Cómo no abrir nuestro corazón a la certeza de que, a pesar de ser pecadores, Dios nos ama?

1. Cuesta luchar, cuesta entenderse, cuesta comprender a Dios... ¡todo cuesta! La vuelta al trabajo, la pesadumbre de antes, el fin de las vacaciones –ya de por sí escasas– y la rutina de aplastante monotonía. Trabajo, trabajo y más trabajo. Todo por un sueldo que se esfuma, unos hijos que poco o nada agradecen; una familia cuyo amor es frío, tenue; todo... ¿por nada?

¿Quién no se ha sentido así alguna vez? Las madres dicen «no puedo más». Los padres exclaman improperios mientras gimen por lo bajo, porque tampoco pueden más. Los sacerdotes mismos y los que llevan nuestras vidas a lo más alto experimentan la pobreza de sus escasas fuerzas y la crudeza del ataque enemigo... y ya no pueden más. Y así, los amigos de Dios, los que quieren ser fieles y fecundos, pacíficos y alegres... se encuentran como hartos. ¿Te suena?

¿Qué haremos? ¿a quién pediremos ayuda? Caminamos de noche; corremos de noche; luchamos de noche; vencemos –o caemos– de noche. No te extrañe, por tanto, la oscuridad. La santidad es confianza extrema en el Dios Trino: aunque haya sombras en el interior, hay también luz para el mundo, sal para la tierra. Por dentro desconsuelo. Por fuera: ojos llenos de vida, obras colmadas de gracia. Luchar mucho para que haya más amor.

De noche. Buscando el camino solo a tientas. La luz vendrá después, al contemplar a Dios cara a cara. Por toda la eternidad. El cielo. El descanso. Aquí tantear; intuir, solo intuir la increíble profundidad de todo lo creado. Porque existen. Porque son de Dios.

¿Qué alumbra el camino? ¿Qué ilumina a la conciencia? Una sed, dice el poeta; la sed de encontrar un amor que no se apaga, caridad sin límites; un lugar donde descansar sin miedo, donde mostrarnos como somos, donde vivir y trabajar, darnos y gozar.

Pero no es solo el anhelo de lo que está por venir lo que ilustra la vida de acá. El descanso más grande para nuestro caminar terreno es el puerto de la misericordia: Dios siempre perdona, Dios siempre escucha, Dios siempre comprende, Dios siempre espera, Dios siempre... ama. A la oveja perdida. Al hijo pródigo. Al que pierde el camino. A ti. A mí. Siempre.

Aunque *sea* de noche. Aunque *es* de noche.

2. Las tres parábolas de misericordia que sustentan nuestra plegaria de hoy son luz y calor para toda alma sedienta de paz... Cuando Cristo habla de un pastor que celosamente busca a la oveja perdida, cuando explica que hay una mujer que pone todo su empeño en encontrar la dracma, cuando ilustra la figura de un padre bueno que sabe esperar… está describiendo su ser y su actuar; su vida, su palabra, su amor: misericordia.

«De hecho, el pastor que encuentra la oveja perdida es el Señor mismo que toma sobre sí, con la cruz, la humanidad pecadora para redimirla. El hijo pródigo, en la tercera parábola, es un joven que, tras obtener de su padre la herencia, *se marchó a un país lejano donde malgastó su hacienda viviendo como un libertino* (*Lc* 15, 13). Cuando quedó en la miseria, se vio obligado a trabajar como un esclavo, aceptando incluso alimentarse de las algarrobas destinadas a los animales. *Entonces* –dice el evangelio– *recapacitó* (*Lc* 15, 17). Las palabras que prepara para cuando llegue a casa nos permiten apreciar la dimensión de la peregrinación interior que ahora emprende…, vuelve "a casa", a sí mismo y al padre[1]. *Me levantaré, me pondré en camino adonde está mi padre, y le diré: Padre, he pecado contra el cielo y contra ti; ya no merezco llamarme hijo tuyo: trátame como a uno de tus jornaleros* (*Lc* 15, 18-19). Y es san Agustín quien escribe: "El Verbo mismo clama que vuelvas, porque solo hallarás lugar de descanso imperturbable donde el amor no es abandonado" (*Confesiones*, iv, 11)»[2].

Ese lugar de descanso imperturbable, donde el amor nunca es abandonado… es únicamente posible en la infinita misericordia de Dios. Porque Él vuelve tantas veces como nosotros somos capaces de caer. Nos rescata, nos pone sobre sus hombros y nos conduce a pastos

---

[1] Cfr. BENEDICTO XVI, *Jesús de Nazaret* (Madrid 2007) 246.

[2] BENEDICTO XVI, *Ángelus* (12-9-2010). También para las citas que siguen.

tranquilos. Aunque hayamos fallado. Aunque volvamos a fallar. Aunque siga siendo y siempre sea... de noche.

3. «Queridos amigos, ¿cómo no abrir nuestro corazón a la certeza de que, a pesar de ser pecadores, Dios nos ama? Él nunca se cansa de salir a nuestro encuentro, siempre es el primero en recorrer el camino que nos separa de él. El libro del Éxodo nos muestra cómo Moisés, con confianza y súplica audaz, logró, por decirlo así, desplazar a Dios del trono del juicio al trono de la misericordia (cfr. 32, 7-11.13-14)».

Nuestra respuesta a su infinito amor no puede ser otra que la consideración de nuestra limitación y el abandono en sus divinas manos. Volver también nosotros. «El arrepentimiento es la medida de la fe; y gracias a él se vuelve a la Verdad. Escribe el apóstol san Pablo: *Encontré misericordia porque obré por ignorancia en mi infidelidad (1 Tm 1, 13)*».

Me pregunto si seremos capaces de arrepentirnos siempre, después de tantas caídas, con la espalda hundida por el peso de un mayor cansancio. ¿Diremos un día que ya basta? ¿exclamaremos alguna vez estar hartos de nosotros mismos?

Es la fe quien hace posible el continuo retorno a la fuente de la gracia. Puedes perder la confianza en ti mismo; quizá ocurra. Pero nunca pierdas la confianza con el Dios que puede salvarte. Eso sí que sería una injusticia con Dios y contigo mismo, y también, que duda cabe, un suicidio.

VIGESIMOCUARTA SEMANA. LUNES

1. Dios existe, yo me lo encontré.
2. La fe es un don, pero también una tarea.
3. Más sobre crecer y madurar en la fe.

1. André Frossard era el hijo del secretario general del partido socialista, dormía en la habitación que, durante el día, servía a su padre de despacho, frente a un retrato de Karl Marx, por el que sentía una profunda admiración. Había sido educado de modo totalmente ajeno al cristianismo, no había sido bautizado. Era, como él mismo reconoce, un perfecto ateo que ni siquiera se preguntaba por su ateísmo.

Su amigo André Willemin desde hacía tiempo intentaba ganarle para la fe católica por la vía intelectual. Había probado con todos los argumentos que conocía y con toda la persuasión de que era capaz sin tener éxito alguno. Pero a las cinco y diez de la tarde del lunes 8 de julio de 1935, entró en la capilla de Adoración de un pequeño monasterio en pleno Barrio Latino de París y ocurrió algo inesperado: encontró a Dios. Como él mismo dirá: «Dios existe, yo me lo encontré». Esa misma tarde le dirá a su amigo André «habiendo entrado allí escéptico y ateo de extrema izquierda, y aún más que escéptico y todavía más que ateo, indiferente y ocupado en cosas muy distintas a un Dios que ni siquiera tenía intención de negar (...), volví a salir, algunos minutos más tarde, "católico, apostólico, romano", llevado, alzado, recogido y arrollado por la ola de una alegría inagotable».

La fe no es la conclusión de ningún razonamiento, ni la mera aceptación de una serie de verdades, o la asunción de una moral o código de conducta. La fe verdadera solo nace del encuentro con Jesucristo, muerto y resucitado. Eso fue lo que causó la conversión de André Frossard y eso es lo que enciende en tu corazón la llama de la fe. Tu fe es, ante todo, relación personal con Jesús, se refiere en primer término a Él. Es confianza en Él y en su palabra.

2. Cómo nació la fe en aquel centurión del evangelio, o cómo prendió en André Frossard pertenece a lo íntimo de la historia de Dios con cada uno de ellos. Nos resulta más llamativo porque, ciertamente, son casos en que lo tenían todo en contra para abrazar la fe en Jesús. Pero en realidad sucede también con nosotros que la fe, nuestra fe, tiene su origen únicamente en un don de Dios. Por eso dale gracias, en primer lugar, por el don inmerecido de la fe que has recibido de la generosidad divina. Agradece en lo íntimo de tu alma esa historia de amor, historia de salvación, que Jesús ha hecho hasta encontrarte, y que tú te dejaras encontrar.

Pero si el inicio de la fe no depende desde luego de nosotros, desde luego que sí cae bajo nuestra responsabilidad cuidar este don precioso. Porque tu fe no es como un bloque impenetrable de granito que permanece impasible frente al paso del tiempo. Tu fe es algo dinámico, que puede aumentar o disminuir, e incluso que puedes llegar a perder. Habrás experimentado momentos en los que has sentido más cerca a Dios, en los que tu fe ha incidido más en tu vida, en tus relaciones, en tu trabajo. Y otros quizá en que la has percibido como aletargada, dejada un poco a un lado.

En ocasiones me dicen en el confesionario: «padre mi fe se debilita, he dejado la misa varios domingos, la oración me cuesta y casi no la hago, hace mucho que no me confieso...». Pero, ¿podía ser de otro modo? Más bien lo asombroso sería lo contrario, que la fe se mantuviera vigorosa si se descuida la misa dominical, la oración, la reconciliación, que son los lugares privilegiados de nuestro encuentro con Jesús. Piénsalo. Cuando tenemos sed cogemos un vaso vamos al grifo y bebemos. No nos ponemos a dar vueltas y a considerar si acaso el agua calmará mi sed, o si mi sed presente no querrá decir que nunca estuve saciado, sino que vamos a la fuente de agua y bebemos. ¿Por qué hacemos en nuestra vida espiritual lo que no se nos ocurriría hacer en ningún otro ámbito? Si ves que tu fe se resiente, si ves que te cuesta tratar a Dios, es momento de ir, como hace el sediento, a la fuente; y no de perderse en cavilaciones sobre si acaso la fe de antes fue verdadera o si has de tomar un tiempo para pensarlo mejor. Porque tu fe se alimenta del encuentro con Jesús y ese encuentro lo cuidas cuando te acercas a la Santa Misa a escuchar su palabra y recibirle, si estás en gracia, en la Eucaristía. Lo cuidas cuando buscas en la intimidad de la oración confiarle tus afanes y el consuelo de la confidencia. Lo cuidas cuando al acercarte a la confesión no dejas que tus pecados levanten un muro que te separe de Él. Has recibido un don maravilloso, pero lo llevas en vasijas de barro. Cuídalo, no permitas que se pierda, en ello te va la vida.

3. Del mismo modo que tu fe puede crecer y disminuir, incidir más o menos en tu vida según el don de Dios, pero también según la cuides, también tu fe cambia con el paso del tiempo, o al menos así debiera ser. Con cambiar me refiero aquí a madurar. Tu fe y la mía están llamadas a crecer y a madurar como crecemos y maduramos en todos los aspectos de la vida.

Pregúntate si tu plan de vida espiritual es el mismo que cuando recibiste la primera Comunión, si rezas lo mismo y de la misma manera, o peor, si rezas menos y tratas menos a Jesús que entonces. Porque es evidente que no comes lo mismo que entonces –ahora comerás más y de todo–; ni vistes la misma ropa, ni te expresas igual. Imagina un día en que comieras como si tuvieras 9 años, te pusieras la ropa que llevabas entonces –que sería un milagro que te entrara–, o que te presentaras en tu lugar de estudio o trabajo hablando del modo en que lo hacías entonces. Sería dramático. También sería dramático que nos sucediera en la vida espiritual. Que se nos hubiera parado el reloj en algún momento pasado. Tu fe está llamada a madurar, a crecer. Piensa si te has estancado en algo y busca ponerte al día, nunca es tarde. Cada vez más un profesional ha de estar reciclándose permanentemente si no quiere quedarse atrás. Con la fe pasa lo mismo. Busca reciclarte. Busca formarte bien, de manera constante, para que tu fe permanezca vigorosa y operativa a lo largo de tu vida.

VIGESIMOCUARTA SEMANA. MARTES

1. No llores. No estés triste.
2. Muchacho, ¡levántate!
3. La juventud, momento de decisión.

1. El Señor miró a la madre, que, desesperada, se deshacía en lágrimas contemplando el cuerpo sin vida del muchacho. *Sintió lástima*. Sabía que se quedaba sola, su situación era del todo dramática.

La pobre quería morir: deseaba hacer compañía a su único hijo, a quien ahora veía inerme camino de su sepultura. Gustosamente hubiera ofrecido su vida por él; mil veces lo había hecho, rogando a su Padre Dios que la llevara antes a ella... pero Dios parecía no haber hecho caso.

Cristo se cruzó en su camino. Los discípulos habían percibido al instante lo que sucedía en el alma del Maestro, al contemplar su rostro demudado: «¿Qué le pasa a Jesús? Ocurre que se compadece de los que sufren y los pobres».

No llores. No eran estas palabras de consuelo, sino un imperativo. La mujer obedeció al instante, como en esas ocasiones donde lo que importa es quién me dice las cosas, porque viniendo de él es seguro que tendrá razón. La palabra de Jesús impone: no es un palabra cualquiera. Varoniles y llenas de fuerza, esas dos palabras transmitieron mucho más que una orden: seguridad, paz. Por primera vez en varios días, la viuda sintió algo que alentaba la esperanza en su corazón. Y dejó de llorar: solo porque Él se lo había pedido.

Pero Jesús no se conformó con resucitar el alma de la viuda, sino que enseguida resucitó también el cuerpo del joven: *¡Muchacho, a ti te digo, levántate!* (*Lc* 7, 14).

Los muertos no son capaces de oír la voz creada: es la voz increada de Dios la que resonó en el pueblo de Naín. La palabra potente del *Génesis*, competente para crear aguas, océanos, tierra, y el orbe entero. La palabra eficaz, de la que dice el Señor *que no vuelve a mí de vacío, sin que haya realizado lo que me plugo y haya cumplido aquello a que la envié* (*Is* 55, 11). Una voz a la que obedece desde la última piedra del universo hasta el más excelso de los ángeles: es la voz del Hijo de Dios.

Hoy, como entonces, «Cristo se acerca a cada uno de vosotros y, como hizo al muchacho de Naín, os dirige la palabra que sacude y despierta: *¡Levántate!*. Acoge la invitación que te hará ponerte de pie. No se trata de simples palabras: es Jesús mismo, el Verbo de Dios encarnado, quien está delante de vosotros. Él es *la luz verdadera que ilumina a todo hombre* (*Jn* 1, 9), la verdad que nos hace libres (cfr. *Jn* 14, 6), la vida que el Padre nos da en abundancia (cfr. *Jn* 10, 10). El cristianismo no es un simple libro de cultura o una ideología; y ni siquiera es solo un sistema de valores o de principios, por más elevados que sean. El cristianismo es una persona, una presencia, un rostro: Jesús, el que da sentido y plenitud a la vida del hombre»[1].

Después de aquel día en Naín, el Señor no ha dejado de hablar. Quiere ahora entablar una conversación contigo. Pídele al Espíritu Santo la gracia de encontrarle: el regalo de escuchar su dulce e imperativa palabra.

2. No era una visita fácil: Juan Pablo II viajaba a Suiza. Su estado de salud era cada vez peor, y, de hecho, su vida no se prolongaría más de diez meses. Sin embargo, no quiso faltar a su cita con el pueblo helvético: hizo el esfuerzo. En una velada inolvidable, pudo encontrarse con los jóvenes suizos en el palacio de los deportes de Berna.

«Me siento feliz de estar con vosotros hoy» –dijo con dificultad, pues la enfermedad le impedía expresarse bien.

«¡Muchacho, muchacha, levántate!», exclamó como diciéndoselo al oído de cada uno de los asistentes. «No tengas miedo a encontrarte con Jesucristo. La viuda de Naín encontró el consuelo, su hijo halló la vida... ¿qué esperas tú de Cristo?

Busca a Jesucristo y deja que entre en tu vida. Búscalo. –¿Dónde? En la lectura atenta y disponible de la sagrada Escritura –dijo el Papa– y en la oración personal y comunitaria; buscadlo participando de forma activa en la Eucaristía; buscadlo acudiendo a un sacerdote para el sacramento de la reconciliación; buscadlo en la Iglesia, que se manifiesta a vosotros en los grupos parro-

---

[1] Juan Pablo II, *Discurso en el palacio de deportes de Berna* (5-6-2004). También las referencias que siguen.

quiales, en los movimientos y en las asociaciones; buscadlo en el rostro del hermano que sufre, del necesitado, del extranjero».

Trata de ser concreto y encuentra, para cada una de estas cosas, su puesto en tu día o en tu semana. Si lo hay –o estás dispuesto a que lo haya–, entonces estarás buscando sinceramente a Cristo... y lo encontrarás. No tengas miedo.

3. El papa continuó con su discurso. Jadeaba, pero no quería ahorrarse una sola tilde de lo que deseaba comunicar. Sabía que el futuro estaba delante de él: muchachos y muchachas jóvenes que querían escuchar una palabra con sentido, algo con significado que les ayudara a vivir «en cristiano» y a secundar la gracia de Dios. El papa sabía que era luz para todos ellos, y no estaba dispuesto a extinguirse lo más mínimo, a pesar de los achaques.

«La juventud es el momento en que también tú, querido muchacho, querida muchacha, te preguntas qué vas a hacer con tu existencia, cómo puedes contribuir a hacer que el mundo sea un poco mejor, cómo puedes promover la justicia y construir la paz».

¡Qué tarea tan maravillosa tenemos por delante! Es la tarea que Dios ha dispuesto desde toda la eternidad. Juan Pablo II, enfermo y machacado, quería hablar a aquellos jóvenes de vocación. Porque Dios tiene algo preparado para cada uno de nosotros: pensarlo un poco es demasiado bonito. Él, que es eterno, me quiere *a mí*, y se dirige *a mí*.

«¡Escucha! No te canses de entrenarte en la difícil disciplina de la escucha. Escucha la voz del Señor, que te habla a través de los acontecimientos de la vida diaria, a través de las alegrías y los sufrimientos que la acompañan, a través de las personas que se encuentran a tu lado, a través de la voz de tu conciencia, sedienta de verdad, de felicidad, de bondad y de belleza.

Escuchando quizá descubras que lo tuyo es formar una familia, «fundada en el matrimonio como pacto de amor entre un hombre y una mujer que se comprometen a una comunión de vida estable y fiel. Podrás afirmar con tu testimonio personal que, a pesar de las dificultades y los obstáculos, se puede vivir en plenitud el matrimonio cristiano como experiencia llena de sentido y como "buena nueva" para todas las familias».

Puede ser también que, en lo íntimo de tu corazón, escuches la llamada personalísima –y llena de amor– a ser solo suyo, solo suya, en el celibato, el sacerdocio o la vida religiosa, «entregando con corazón indiviso tu vida a Cristo y a la Iglesia, transformándote así en signo de la presencia amorosa de Dios en el mundo de hoy. Podrás ser, como muchos otros antes que tú, apóstol intrépido e incansable, vigilante en la oración, alegre y acogedor en el servicio a la comunidad. Sí, también tú podrías ser uno de ellos».

El Papa, cansado, no quiso parecer duro o ajeno al sufrimiento de los jóvenes que saben que Dios les pide algo, pero les cuesta responder: «Sé muy bien que ante esta propuesta titubeas. Pero te digo: ¡no tengas miedo! Dios no se deja vencer en generosidad. Después de casi sesenta años de sacerdocio, me alegra dar aquí, ante todos vosotros, mi testimonio: ¡es muy hermoso poder consumirse hasta el final por la causa del reino de Dios!».

¡Señor! –pídeselo antes de terminar este rato de oración–, ¿qué quieres de mí? Dame luz para ver y fuerza para querer eso que me propones en lo íntimo de mi corazón...

Piensa que, en todo este tiempo, Juan Pablo II ha estado intercediendo por ti desde el cielo: Dios te escucha, y quiere hablarte.

VIGESIMOCUARTA SEMANA. MIÉRCOLES

1. Dejarse engañar por el Amor.
2. Existe el cielo: alégrate.
3. Hay infierno: huye del pecado.

1. Había sido un oficial de las SS de altísimo rango durante la Segunda guerra mundial. La fama de sus atrocidades lo precedía. Había causado estragos en las zonas ocupadas. Cuando los alemanes hubieron de replegarse, él volvió a su tierra natal y trató de esconderse pasando por uno más. Fue imposible. Antes del final de la guerra, cuando Alemania caía, fue hecho preso.

A la espera de la decisión de los tribunales internacionales, pasó un tiempo nada fácil en la cárcel. Con todo, su nombre era demasiado conocido como para faltarle al respeto. Todos le temían. Pero no pasó mucho tiempo. Al cabo de unas pocas semanas la justicia había emitido su veredicto: CULPABLE.

Hans, que así se llamaba, fue trasladado a la celda de máxima seguridad. Sería ejecutado al día siguiente. Pasó la noche solo: durmió bien. Decía no tener mala conciencia por nada de cuanto había acontecido en su vida.

Atado de pies y manos fue sacado de la cárcel y conducido al lugar donde sufriría la pena capital. El camino no era excesivamente corto: debía cubrir doscientos metros, pasando por un patio al aire libre. Allí reparó que el cielo estaba más azul que nunca y el sol brillaba con un esplendor y una grandeza jamás apreciada. Comenzó a pensar.

Entonces vio con admiración una pequeña flor, llena de vida, que como un oasis en el desierto asfáltico amanecía en medio de su camino. Su reflexión se hizo más profunda, y pocos minutos antes de su muerte, pensó si acaso no existiría un Dios providente, que había hecho el cielo, el sol y la tierra. Contempló la flor, como una diminuta expresión de la belleza de todo, y entendió que debía haber un creador que sustenta el universo; es más, escuchó una voz interior, dulce y suave, subjetiva y, a la vez, más real que el cielo, la tierra y la flor, que le decía: «Reconcíliate. Pide perdón. Vuelve. No estás tan lejos. Te espero: no te preocupes; hay sitio para ti en el paraíso».

La sonrisa se esbozó en los labios de Hans, al tiempo que, en un rápido movimiento, se echó al suelo. Los carceleros pensaban que escapaba... pero no: echado a tierra, atado de pies y manos como estaba, tomó la flor con los dientes, la mordió con violencia, la escupió con desprecio y, poniéndose de nuevo en pie, la pisó al compás de sus últimas palabras: «nunca me dejaré engañar por cuentos de viejas y recompensas celestiales...». Murió, altivo y desdeñoso, en la mañana fría y desoladora.

¡Qué fácil es apagar la suave voz de Dios en nuestro corazón! *Porque vino Juan que ni comía ni bebía, y dijisteis que tenía un demonio; viene el Hijo del hombre que come y bebe y decís: «Mirad qué comilón y qué borracho, amigo de publicanos y pecadores».* Y yo, ¿cuántas veces rechazo la suave voz de mi conciencia?, ¿cuántas veces en mi vida he escupido la flor que Dios ponía en mi camino?

2. *¿A quién, pues, compararé los hombres de esta generación? ¿A quién son semejantes? Se asemejan a unos niños, sentados en la plaza, que gritan a otros aquello de: «Hemos tocado la flauta y no habéis bailado»* (*Lc* 7, 31-32), que es como si el Señor dijera:

Os he prometido el cielo, os he hablado de la recompensa, os he dicho que veréis la gloria de Dios. Os he mostrado, además, el modo de llegar a Él: basta que rindáis vuestros talentos con la ayuda de la gracia, solo es necesario que tratéis a los demás como queréis que os traten a vosotros. Más aún, os he hecho ver que estoy en cada persona que sufre, que pasa hambre, que está desolada o desahuciada; estoy en los prójimos que componen tu día a día, lo más cotidiano de tu existencia, para que te sea más fácil tratarlos con amor, soportarlos, tener paciencia y quererlos de verdad.

Y no solo os he contado que existe el paraíso, sino que os he prometido el ciento por uno ya aquí en la tierra. Si piensas que dejas algo por amarme a mí, no te equivocas. Ahora bien, no consideres que me vas a ganar en generosidad: soy Dios y colmaré de beneficios tu amor incondicional: recibirás cien veces más en padres, madres, hermanos, hijos, amigos.

Mi promesa –añadiría Jesús– es que yo mismo estaré con vosotros todos los días hasta el fin del mundo. Hijo, nunca vayas por tu cuenta; hija, nunca –¡nunca!– te sientas sola, porque estoy muy cerca de ti. Acuérdate de mi divina Compañía y verás cuanta dulzura en tu caminar diario.

¡Tanta generosidad! Y no hemos bailado... porque no hemos acogido la llamada de Cristo que, con corazón de hermano y de padre, suspira por nuestra amistad... porque ¿qué promesa mayor quieres que te haga, si con mi vida las he realizado todas y he derramado hasta la última gota de mi sangre por ti?

3. Estos hombres se parecen a unos niños que gritan: *hemos entonado lamentaciones, y no habéis llorado* (*Lc* 7, 32), porque existe el infierno y existe la condenación eterna y parece no advertirlo nadie. ¿Los hombres pueden pensar en conducir toda su vida de espaldas a Dios... confiando en que perseverarán por toda la eternidad delante de su divino rostro? ¿No te parece una contradicción? Quien luchó a brazo partido por tener lejos de sí al Señor y a su gracia... ¿querrá estar bien unido a lo divino por un tiempo que no es tiempo y no tiene final?

Son las lamentaciones del fruto del pecado: la soledad sembrada en los corazones de los pecadores; la soberbia de quienes una y otra vez se estrellan con la misma piedra y, a pesar de todo, son incapaces de reconocer su nada e implorar la gracia. *Porque canto lamentaciones y no lloráis*. Es más fácil el orgullo –aunque más triste– que la humildad que devuelve la alegría.

Son los llantos de los que, echando sus perlas a los cerdos, son luego destrozados por ellos. No es voluntad de Dios que sea así: es el deseo del enemigo, que nunca deja su presa hasta que la ha anulado y destrozado totalmente. La apariencia es divertida; el fondo, demoledor.

Pero las almas de los hombres modernos consideran todo esto exagerado: el infierno es un cuento de niños; el precio del pecado es tan solo la pérdida de la juventud; y los llantos de una vida sin amor no son más que la injustificada pretensión de un corazón intemperante que no se sacia con nada.

Sé «discípulo de la sabiduría», y trata de ser constante en tu piedad. En concreto, proponte ser regular en tus confesiones para estar siempre en gracia de Dios. Elígelo siempre a Él: por lo hermoso de la entrega y la belleza de la recompensa, por el temor de la distancia al Amor y el vacío traicionero del pecado.

VIGESIMOCUARTA SEMANA. JUEVES

1. El postureo de un fariseo.
2. Las agallas de una mujer.
3. La miopía de un fariseo.

1. Jesús se convirtió pronto en un personaje público, las masas lo seguían y escuchaban complacidos sus enseñanzas. Los fariseos veían desestabilizarse su sistema y no sabían cómo actuar. Cuando se enfrentaban directamente con Él, salían perjudicados. El Maestro de Nazaret rebatía cada uno de sus argumentos y mostraba en público los errores y deficiencias de los líderes judíos. Incluso quizás a algún fariseo se le planteó la duda de si no sería Él, el Mesías esperado.

El evangelio de hoy nos presenta a uno de ellos invitando a Jesús a comer en su casa. A juzgar por el desarrollo de la escena, parece bastante cierto que las intenciones de aquel hombre no eran las más rectas. Si nos atenemos a las posteriores palabras de Jesús, el fariseo se limitó a una invitación formal que más tenía que ver con lo que hoy llamamos «postureo» que con un verdadero homenaje de amistad y cariño. Muchas veces aparece Jesús comiendo en casa de publicanos y pecadores y sin embargo nunca pone un pero, se encuentra a gusto y disfruta; en cambio en esta ocasión se ve obligado a amonestar al anfitrión, haciéndole ver la deficiencia de su relación.

La escena comienza normal, Jesús acude a la invitación del fariseo. No estarían solos, quizás él hubiera invitado a sus amigos, también para airear su «amistad» con Jesús. Y *en esto una mujer de la ciudad, una pecadora, se puso a regarle los pies con sus lágrimas, se los enjugaba con sus cabellos, los cubría de besos y se los ungía con perfume*. Cambia totalmente el decorado, una mujer se acerca y entra en escena. No es una mujer cualquier, es una pecadora, no merece estar allí.

El fariseo descubre, entonces, lo que verdaderamente hay en su corazón: *Si éste fuera profeta, sabría quién y qué es esta mujer que lo está tocando, pues es una pecadora*. La mujer ha arriesgado mucho, cuántos vencimientos interiores y exteriores, respetos humanos y exposición al juicio de los que la rodean, pero quiere y tiene que acercarse a Jesús.

Qué miradas tan distintas sobre un mismo hecho: el fariseo mira a esa mujer con recelo, con asco podemos decir; emite sobre ella un juicio condenatorio irreversible. Jesús, en cambio, sin negar su situación objetiva de pecado (¡a Él también le duelen nuestros pecados!) le da una nueva oportunidad, es una mirada de cariño y comprensión. Piensa como suele ser tu mirada sobre los otros y pásmate ante la mirada de Dios sobre ti.

2. «Está el amor de la mujer pecadora que se humilla ante el Señor; pero antes aún está el amor misericordioso de Jesús por ella, que la impulsa a acercarse. Su llanto de arrepentimiento y de alegría lava los pies del Maestro, y sus cabellos los secan con gratitud; los besos son expresión de su afecto puro; y el ungüento perfumado que derrama abundantemente atestigua lo valioso que es Él ante sus ojos. Cada gesto de esta mujer habla de amor y expresa su deseo de tener una certeza indestructible en su vida: la de haber sido perdonada. ¡Esta es una certeza hermosísima! Y Jesús le da esta certeza: acogiéndola le demuestra el amor de Dios por ella, precisamente por ella, una pecadora pública. El amor y el perdón son simultáneos: Dios le perdona mucho, le perdona todo, porque «ha amado mucho»; y ella adora a Jesús porque percibe que en Él hay misericordia y no condena. Siente que Jesús la comprende con amor, a ella, que es una pecadora. Gracias a Jesús, Dios carga sobre sí sus muchos pecados; ya no los recuerda. Porque también esto es verdad: cuando Dios perdona, olvida. ¡Es grande el perdón de Dios! Para ella ahora comienza un nuevo período; renace en el amor a una vida nueva.

Esta mujer encontró verdaderamente al Señor. En el silencio, le abrió su corazón; en el dolor, le mostró el arrepentimiento por sus pecados; con su llanto, hizo un llamamiento a la bondad divina para recibir el perdón. Para ella no habrá ningún juicio si no el que viene de Dios, y este es el juicio de la misericordia. El protagonista de este encuentro es ciertamente el amor, la misericordia que va más allá de la justicia»[1].

Solo quien descubre la maldad del pecado está preparado para acoger adecuadamente el amor misericordioso de Jesús. Si no, experimentará que lo que Dios hace con él no es para tanto, y reducirá el sacramento de la penitencia a un mero trámite similar a cuando se

---

[1] Papa Francisco, *Homilía* (13-3-2015).

paga una multa. Acabará amando poco quien no experimenta radicalmente la necesidad de la misericordia divina.

3. «Simón, el dueño de casa, el fariseo, al contrario, no logra encontrar el camino del amor. Todo está calculado, todo pensado... Él permanece inmóvil en el umbral de la formalidad. Es algo feo el amor formal, no se entiende. No es capaz de dar el paso sucesivo para ir al encuentro de Jesús que le trae la salvación. Simón se limitó a invitar a Jesús a comer, pero no lo acogió verdaderamente. En sus pensamientos invoca solo la justicia y obrando así se equivoca. Su juicio acerca de la mujer lo aleja de la verdad y no le permite ni siquiera comprender quién es su huésped. Se detuvo en la superficie –en la formalidad–, no fue capaz de mirar al corazón. Ante la parábola de Jesús y la pregunta sobre cuál de los servidores había amado más, el fariseo respondió correctamente: "Supongo que aquel a quien le perdonó más". Y Jesús no deja de hacerle notar: "Has juzgado rectamente". Solo cuando el juicio de Simón se dirige al amor, entonces él está en lo correcto.

»La llamada de Jesús nos impulsa a cada uno de nosotros a no detenerse jamás en la superficie de las cosas, sobre todo cuando estamos ante una persona. Estamos llamados a mirar más allá, a centrarnos en el corazón para ver de cuánta generosidad es capaz cada uno. Nadie puede ser excluido de la misericordia de Dios. Todos conocen el camino para acceder a ella y la Iglesia es la casa que acoge a todos y no rechaza a nadie. Sus puertas permanecen abiertas de par en par, para que quienes son tocados por la gracia puedan encontrar la certeza del perdón. Cuanto más grande es el pecado, mayor debe ser el amor que la Iglesia expresa hacia quienes se convierten. ¡Con cuánto amor nos mira Jesús! ¡Con cuánto amor cura nuestro corazón pecador! Jamás se asusta de nuestros pecados. (...) "Padre, tengo muchos pecados...". –"Pero Él estará contento si tú vas: ¡te abrazará con mucho amor! No tengas miedo"»[2].

---

[2] *Ibídem.*

VIGESIMOCUARTA SEMANA. VIERNES

1. *Son las mujeres las que acompañan a Cristo abandonado.*
　　2. *La iglesia de Pedro y la iglesia de María.*
　　3. *Adiós, Mamá, sé feliz... porque yo lo soy.*

1. ¿Qué quiere decir todo esto? ¿a qué viene la insistencia del evangelio en subrayar que unas mujeres seguían a Cristo? ¿Por qué el evangelista nos transmite el nombre de algunas de ellas? «Jesús, ayúdanos a comprender».

Fueron las mujeres las que acompañaron a Cristo camino del calvario. Fueron nuevamente ellas las que se mantuvieron firmes en el ocaso del Mesías. Ellas, con la ayuda de dos hombres buenos, hicieron todo lo posible para que tuviera el entierro más solemne y la sepultura más digna. Pienso que de haberse omitido su prolongada presencia a lo largo de toda la vida de Jesucristo, su heroica resistencia junto a la cruz de Cristo permanecería aún hoy incomprendida. Ellas no solo fueron fieles al final: lo fueron cada día. ¿Cómo el resto de los apóstoles? Igual... pero las mujeres quizá un poco más, porque sus obras dan fe de un amor mayor. Ellas fueron la esposa de Cristo abandonado. Y aún lo siguen siendo.

Chiara Badano nació el 29 de octubre de 1971 en el seno de una familia modesta del norte de Italia. Fueron once años de larga espera antes de que viera la luz la única hija de la modesta pareja. El padre conducía camiones mientras que María Teresa permanecía en casa criando a Chiara.

Cuando tan solo tenía 9 años participó de su primera reunión del grupo de los focolares, fundado años atrás por Chiara Lubich. Todos, pero muy especialmente la fundadora, recibieron un profundo impacto por la vida de la niña.

El grupo dialogaba a propósito de cómo encontrar a Cristo abandonado en las situaciones más difíciles. Chiara escribió más tarde: «descubrí que Jesús abandonado es la llave a la unidad con Dios, y quiero elegirlo como mi único esposo. Quiero estar lista para darle la bienvenida cuando venga. Preferirlo a Él sobre todas las cosas».

María Magdalena; Juana la mujer de Cusa; Susana y otras muchas mujeres servían a Jesús porque le amaban, y le querrán hasta el definitivo y angustioso trance de su muerte ignominiosa. Chiara Badano, hace pocos años, también lo quiso así. ¿Y tú?

2. Fue durante el pontificado de Juan Pablo II cuando, de algún modo, el pontífice hizo propia la distinción largamente expuesta por los teólogos. Algunos de ellos distinguen en la iglesia dos aspectos igualmente necesarios. Lo llaman la iglesia de Pedro y la iglesia de María. Son como dos iconos de la única realidad eclesial.

La iglesia petrina subraya su aspecto más activo, ministerial, autoritario (en el sentido más oportuno del término) y, en definitiva, masculino. La iglesia mariana, siendo la misma, pone de relieve las características más maternales de la iglesia: su intercesión, las devociones, su capacidad de escucha, su ternura, la dedicación con corazón indiviso al esposo Cristo y a sus necesitados...

Que ese aspecto femenino de la iglesia existe resulta sugerido en la lectura del evangelio de hoy y la vida de las santas que se han entendido a sí mismas como esposas de Cristo. ¡Cuánta luz! ¡Cuánta claridad y ternura!

Durante el verano de 1988, cuando apenas contaba con 16 años, Chiara tuvo una experiencia que cambió su vida. En Roma. Con el movimiento de los Focolares. Lo escribió a sus padres: «Este es un momento muy importante para mí: es un encuentro con Jesús abandonado. No ha sido fácil abrazar este sufrimiento, pero esta mañana Chiara Lubich explicó a los niños que debemos ser la esposa de Jesús abandonado».

Tras ese viaje comienza a escribirse regularmente con la fundadora. Más tarde le pidió un nuevo nombre: quería que significara su nuevo modo de vida. Chiara Lubich le escribió: «tu rostro lleno de luz muestra tu amor por Jesús» y le impuso el nombre de Chiara Luce; Clara Luz.

Nuestra Madre, la Virgen, era y es mucha luz; muchísima. Lo mismo María Magdalena, tomada por la pureza de Dios y sacada de las garras del pecado. Imagino que el resto –Juana y Susana– brillaban también de un modo particular. Y desde entonces hasta hoy, muchas mujeres hacen brillar a la Iglesia con rostro tierno y acogedor, femenino.

3. Mientras jugaba un buen partido de tenis, ese mismo verano de 1988, Chiara sufrió un dolor punzante en el hombro. No le dio importancia, pero como el dolor se acrecentara, hubo de ir al médico. Después de numerosas pruebas, los especialistas descubrieron que tenía un cáncer óseo sumamente doloroso: osteosarcoma.

Chiara volvió a casa descompuesta. «Ahora no me hables», dijo a su madre, mientras se tumbaba dándole la espalda. Pasaron 25 minutos en los que Chiara luchó contra sí misma para poder finalmente concluir: «Es para ti, Jesús; si tú lo quieres, yo también lo quiero». A partir de ese instante comenzó a hablar normalmente con su madre. Nada ocurría.

Durante el tiempo que se prolongó su enfermedad, Chiara fue para todos la luz y alegría. «A través de su sonrisa, y sus ojos llenos de luz, nos mostró que la muerte no existe; solo la vida», apostilló después de su fallecimiento el Doctor Delogu. «Al principio pensábamos en visitarla para conservar su buen ánimo, pero muy pronto entendimos que, de hecho, nosotros éramos quienes la necesitábamos. Su vida era como un imán que nos atraía a ella», comentó una amiga del Movimiento de los Focolares.

Cuando veía caer de su cabeza mechones de pelo, merced al tratamiento de quimioterapia, decía sonriendo «Para ti, Jesús». Con el tiempo perdió la facultad de caminar. Cuando se lo comunicaron, respondió «si tuviera que elegir entre caminar de nuevo e ir al cielo, no lo dudaría. Elegiría el cielo». Poco después, una hemorragia fortísima casi le causa la muerte. Su fe no flaqueaba. «No derraméis lágrimas por mí. Yo voy donde Jesús. En mi funeral no quiero gente que llore, sino que cante fuerte».

«La luz en tus ojos es espléndida, ¿de dónde proviene?», le preguntó el cardenal Saldarini cuando fue a visitarla. «Yo solo trato de amar a Jesús con todas mis fuerzas».

Amar con corazón de mujer. Eso hizo Chiara. Tiernamente. Como esposa de Jesús. Como hija y, también, como madre que se preocupa por sus hijos. «Oh mamá, los jóvenes... los jóvenes... son el futuro. Ya no puedo correr más, pero como me gustaría poder pasarles la antorcha, ¡como en las Olimpiadas! Los jóvenes tienen tan solo una vida y vale la pena vivirla bien».

Recibe tú también hoy la luz de Chiara Badano. Escucha ahora sus últimas palabras. Medítalas. Son un consejo para su madre. Es un consejo para ti: «Adiós mama, sé feliz... porque yo lo soy».

VIGESIMOCUARTA SEMANA. SÁBADO

1. Sembrando con el sembrador.
2. *Una homilía de Jesús.*
3. *Amante de la libertad.*

1. *Salió el sembrador a sembrar su semilla*, y la siembra a boleo, aquí y allí; va esparciendo la semilla por todo su campo. ¡Qué contento avanza el sembrador! Soñando ya con los frutos que recibirá en la época de la siega. La percepción de aquel hombre sobre su campo es distinta de la del resto de espectadores, es suyo y sabe reconocer la bondad de cada cosa.

«Jesús se dirige a la multitud con la célebre parábola del sembrador. Es una página de algún modo "autobiográfica", porque refleja la experiencia misma de Jesús, de su predicación: él se identifica con el sembrador, que esparce la buena semilla de la Palabra de Dios, y percibe los diversos efectos que obtiene, según el tipo de acogida reservada al anuncio. Hay quien escucha superficialmente la Palabra pero no la acoge; hay quien la acoge en un primer momento pero no tiene constancia y lo pierde todo; hay quien queda abrumado por las preocupaciones y seducciones del mundo; y hay quien escucha de manera receptiva como la tierra buena: aquí la Palabra da fruto en abundancia»[1].

Quizá, lo primero en lo que habría de detenerse es en preguntarnos ¿cuáles han sido esos momentos de siembra por parte de Jesús? Todo comenzó en nuestra existencia, cuando Dios pensó en nosotros, nos amó y nos dio el ser –con la libre colaboración de nuestros padres–. ¡Somos amados de Dios! Y luego el Bautismo, don inestimable; y la gracia de los sacramentos (Confirmación, Eucaristía y Penitencia), y los frutos recibidos en ratos de oración, y los buenos ejemplos de tanta gente que hay nuestro alrededor. ¡Todo esto son semillas que Dios siembra en nosotros!

Lo primero que debemos reconocer son los cuidados que recibimos de Dios, acoger esos dones para hacerlos fructificar. Qué generosidad la de Dios, sin méritos por nuestra parte –por puro amor suyo– no deja de cubrirnos de mimos y atenciones, y así nuestra vida consiste en corresponder a esos cuidados.

Por otro lado, caigamos en la cuenta que cada uno de nosotros, por el Bautismo, también estamos llamados a ser sembradores de Buena Noticia en nuestra familia, nuestro trabajo y entre nuestros amigos. Él cuenta con nosotros y nos hace partícipes de su misión sembradora; no cuenta el fruto, no debe pesar el esfuerzo; el pago está en sabernos junto a Él sembrando su doctrina. ¡Él mismo es nuestro premio!

2. Esta parábola es de las pocas de las que los evangelistas nos conservan la propia interpretación del Maestro.

---

[1] BENEDICTO XVI. *Ángelus* (10-7-2011). Y lo que sigue.

El sembrador va esparciendo a boleo –forma antigua de sembrar– la semilla; una cae al borde del camino, otra cayó sobre las piedras, otras en medio de los cardos y el resto en tierra buena.

La que cae al borde del camino fue pisoteada o comida por los pájaros, «representa a aquellos que oyen el mensaje, pero llega el diablo y se lo arrebata del corazón para que no crean y se salven». Es la vida de superficialidad, de «postureo», de quien vive un cristianismo de barniz. Para esta gente el verbo principal es «cumplir», un mero «cumplo» y «miento».

La que cae sobre las piedras «representa a los que escuchan el mensaje y lo reciben con alegría, pero son tan superficiales que, aunque de momento creen, en cuanto llegan las dificultades abandonan». En el fondo no acaban de creer, hacen una fe a su medida, cogen lo que quieren y no les compromete; pero a la hora de la entrega, a la hora de dar testimonio, dan un paso atrás.

«La semilla que cayó entre los cardos representa a los que escuchan el mensaje, pero, preocupados solo por los problemas, las riquezas y los placeres de esta vida, se desentienden y no llegan a dar fruto». Me parece que Jesús es muy claro al respecto, se trata de aquellos que quieren hacer compatible una vida de fe con una vida regalada, una vida llena de caprichos y falta de virtudes auténticas.

En cambio, la semilla caída en tierra buena «representa a los que oyen el mensaje con una disposición acogedora y recta, lo guardan con corazón noble y bueno, y dan fruto por su constancia». Son los que verdaderamente ponen a Dios en el centro de su vida, los que entienden que el verbo de la fe es el verbo amar; superan las dificultades desde la confianza y la lucha; se abandonan en manos de Dios y disfrutan de la vida.

No se trata de que elijas una de las comparaciones, puesto que a lo largo de la vida podemos atravesar por distintas etapas; de lo que se trata es de descubrirlo en el momento y poner el remedio pronto, para que siempre –con la gracia de Dios– demos fruto.

3. «Pero este evangelio insiste también en el "método" de la predicación de Jesús, es decir, precisamente, en el uso de las parábolas. "¿Por qué les hablas en parábolas?", preguntan los discípulos. Y Jesús responde poniendo una distinción entre ellos y la multitud: a los discípulos, es decir, a los que ya se han decidido por él, les puede hablar del reino de Dios abiertamente; en cambio, a los demás debe anunciarlo en parábolas, para estimular precisamente la decisión, la conversión del corazón; de hecho, las parábolas, por su naturaleza, requieren un esfuerzo de interpretación, interpelan la inteligencia, pero también la libertad. Explica san Juan Crisóstomo: "Jesús pronunció estas palabras con la intención de atraer a sí a sus oyentes y solicitarlos asegurando que, si se dirigen a él, los sanará". En el fondo, la verdadera "Parábola" de Dios es Jesús mismo, su Persona, que, en el signo de la humanidad, oculta y al mismo tiempo revela la divinidad. De esta manera Dios no nos obliga a creer en él, sino que nos atrae hacia sí con la verdad y la bondad de su Hijo encarnado: de hecho, el amor respeta siempre la libertad».

El marco donde se desarrolle nuestra relación con Dios debe ser siempre la libertad y el amor, lo primero es garante de lo segundo. Él no se impone nunca, muestra su Voluntad e indica el camino, pero cada uno debe recorrerlo libremente. ¡Señor que siempre demos frutos, hágase en nosotros según tu palabra!

VIGESIMOQUINTO DOMINGO. CICLO A

1. Dios no tolera la pereza.
2. La indolencia, como la herrumbre,
desgasta más aprisa que el trabajo.
3. Tres figuras de amor, diligencia y alegría.

1. «Quizá recordéis que el día de mi elección, cuando me dirigí a la multitud en la Plaza de San Pedro, se me ocurrió espontáneamente presentarme como un obrero de la viña del Señor». Desde el palacio apostólico de Castelgandolfo, el Papa compartía sus recuerdos con nosotros. En efecto, después de la muerte del gran Juan Pablo II, hoy santo, el colegio cardenalicio elegía a "un humilde y sencillo trabajador de la viña del Señor", como quiso calificarse a sí mismo el hasta entonces cardenal Ratzinger.

«Pues bien, en el evangelio de hoy (cfr. *Mt* 20, 1-16)» decía el Romano Pontífice el 21 de septiembre de 2008, en referencia a la Palabra que meditamos este domingo, «Jesús cuenta precisamente la parábola del propietario de la viña que, en diversas horas del día, llama a jornaleros a trabajar en su viña. Y al atardecer da a todos el mismo jornal, un denario, suscitando la protesta de los de la primera hora. Es evidente que este denario representa la vida eterna, don que Dios reserva a todos. Más aún, precisamente aquellos a los que se considera "últimos", si lo aceptan, se convierten en los "primeros", mientras que los "primeros" pueden correr el riesgo de acabar "últimos"».

«Un primer mensaje de esta parábola es que el propietario no tolera, por decirlo así, el desempleo: quiere que todos trabajen en su viña». El salario final no dependió del momento en que se comenzó a trabajar, sino más bien sobre el hecho mismo de trabajar o no. Cada uno empieza cuando Dios lo llama; a partir de ese momento, la recompensa es el trabajo mismo.

Con la clarividencia de quien desea frutos de su rato de oración, pregúntate si de veras te mantienes en la viña, o bien te apartas con frecuencia de ella, ya por pereza, ya por desidia, ya por vergüenza.

2. Digámoslo a las claras: la vida perezosa, quema. «La indolencia, como la herrumbre, desgasta más aprisa que el trabajo», afirma Benjamin Franklin[1].

Durante el siglo XIX tuvo lugar en España la expropiación de un buen número de bienes de la iglesia. Algunos de ellos volvieron a manos eclesiásticas cuando, después del uso que se le asignara, comenzaron a amenazar ruina después de años de abandono. Un buen ejemplo es la bellísima abadía de Leyre, en Navarra. Solo el uso del inmenso inmueble lo ha mantenido con vida. Cuando un edificio se abandona a su suerte, está ya tocado de muerte.

---

[1] CESÁREO GOICOECHEA, *Diccionario de citas*, n. 9631.

Con el cuerpo humano, y con las potencias del alma, sucede algo parecido. Nuestro físico es tanto más vigoroso en la medida en que hace ejercicios físicos, tales como el deporte o caminar. Las capacidades del alma están tanto más despiertas en cuanto son empleadas en sus fines concretos. Ambos, cuerpo y alma, si quieren crecer sanos han de ser enemigos de la mortal pereza.

La inteligencia se interesa tanto más por todo lo que le rodea cuanto más sabe. Conocer es una tarea inextinguible que hace al conocedor darse cuenta, día a día, de lo poco que sabe. Emplearse en el estudio y en la lectura, en la observación atenta de la realidad, hace personas interesantes.

Lo mismo podríamos decir de la memoria o de la imaginación. Personas creativas, que saben mucho de memoria, capaces de recordar lo bueno, esforzados para olvidar lo malo. Ciertamente, la persona diligente es la persona amante, y no tiene pereza para emprender la acción.

Cuando el cuerpo y el alma –con su memoria, inteligencia y voluntad– están listas para el trabajo, difícilmente Satanás tocará el núcleo de nuestro espíritu. «Trabaja en algo», decía san Jerónimo, «para que el diablo te encuentre siempre ocupado»[2].

3. La palabra de hoy podría ser también calificada como «la parábola de la alegría». En efecto, el premio no está en el salario final, sino en el mismo hecho –gozoso, alegre– de trabajar para el Señor. «Ser llamados ya es la primera recompensa», decía Benedicto XVI, «poder

---

[2] S. Jerónimo, *Epistola* 125 (PL XXII, 939).

trabajar en la viña del Señor, ponerse a su servicio, colaborar en su obra, constituye de por sí un premio inestimable, que compensa por toda fatiga. Pero eso solo lo comprende quien ama al Señor y su reino; por el contrario, quien trabaja únicamente por el jornal nunca se dará cuenta del valor de este inestimable tesoro».

Es muy diferente vivir cumpliendo pesarosamente los mandamientos, que encontrar en el mandato del amor la norma de la propia vida. Nada tiene que ver ser siervo de Jesús, intentado cumplir lleno de miedo cada uno de sus mandatos, a ser amigo de Cristo, que no solo busca cumplir sino agradar. El orgullo del siervo es la consecución de lo mandado, la alegría del amigo es precisamente ser amigo íntimo.

Benedicto XVI proponía tres modelos de este cumplimiento gozoso de la voluntad de Dios. «El que narra la parábola es san Mateo, apóstol y evangelista, (...). Me complace subrayar que san Mateo vivió personalmente esta experiencia (cfr. *Mt* 9, 9). En efecto, antes de que Jesús lo llamara, ejercía el oficio de publicano y, por eso, era considerado pecador público, excluido de la "viña del Señor". Pero todo cambia cuando Jesús, pasando junto a su mesa de impuestos, lo mira y le dice: «*Sígueme*». *Mateo se levantó y lo siguió.* De publicano se convirtió inmediatamente en discípulo de Cristo. De "último" se convirtió en "primero", gracias a la lógica de Dios, que –¡por suerte para nosotros!– es diversa de la del mundo. *Mis pensamientos no son vuestros pensamientos, ni vuestros caminos son mis caminos,* dice el Señor por boca del profeta Isaías (*Is* 55, 8).

También san Pablo (...) experimentó la alegría de sentirse llamado por el Señor a trabajar en su viña. ¡Y qué gran trabajo realizó! Pero, como él mismo confiesa, fue la gracia de Dios la que actuó en él, la gracia que de perseguidor de la Iglesia lo transformó en Apóstol de los gentiles, hasta el punto de decir: *Para mí la vida es Cristo, y la muerte, una ganancia* (*Flp* 1, 21). Pero añade inmediatamente: *Pero si el vivir en la carne significa para mí trabajo fecundo, no sé qué escoger* (*Flp* 1, 22). San Pablo comprendió bien que trabajar para el Señor ya es una recompensa en esta tierra.

La Virgen María, a la que hace una semana tuve la alegría de venerar en Lourdes, es sarmiento perfecto de la viña del Señor. De ella brotó el fruto bendito del amor divino: Jesús, nuestro Salvador. Que ella nos ayude a responder siempre y con alegría a la llamada del Señor y a encontrar nuestra felicidad en poder trabajar por el reino de los cielos».

VIGESIMOQUINTO DOMINGO. CICLO B

1. Se acercan jornadas de la alta montaña.
2. Tan cerca y, a la vez, tan lejos de Jesús.
3. El orgullo, siempre el orgullo.

1. Cuando en el horizonte se alcanzan a ver recortadas las siluetas desafiantes de los gigantes alpinos en el pelotón del Tour de Francia, lo normal, es que se empiecen a apretar algo los equipos, sobre todo aquellos que tienen algún corredor con opciones para la general. En ese momento los gregarios buscan estar cerca del líder del equipo para hacer frente de la mejor manera a lo que se viene encima. Pues algo parecido sucede en el evangelio de hoy. Jesús ya les ha anunciado lo que sucederá en Jerusalén justamente después de la confesión de fe de Pedro en Cesarea de Filipo y su camino se orienta ya decididamente a la Ciudad de David. Comienza la escalada al monte Calvario y es momento de apretar al grupo de los discípulos y de prepararlos para lo que se avecina. Por eso nos dice san Marcos que *se fueron de allí y atravesaron Galilea; no quería que nadie se enterase, porque iba instruyendo a sus discípulos* (Mc 9, 30).

El Maestro quiere instruir a los suyos, pasar tiempo con ellos a solas y prepararlos para todo cuanto ha de suceder en Jerusalén. Es momento de estar atento, más que nunca, a sus gestos y a sus palabras. Y, sin embargo, los discípulos se ponen por el camino a discutir sobre sus cosas, como se deduce de la pregunta que les hace el Señor al llegar a Cafarnaún. ¿No se te rompe el alma al ver la soledad de Jesús, al ver cómo los más íntimos en el momento clave están distraídos y a sus cosas? ¿Y no se te rompe todavía más al darte cuenta de que también tú haces lo mismo tantas veces en tu oración? Jesús buscando hablarte al corazón y tú pensando en lo que tienes que hacer después o mañana... ¡Qué paciencia la de Jesús con nosotros!

Acompaña tú al Señor y déjate instruir por Él en la oración. Renueva tu deseo de estar con Él y si te descubres distraído, rápidamente pide perdón y vuelve a poner tu mirada en Jesús.

2. No pases por alto el contraste tan llamativo entre lo que Jesús dice por el camino a los suyos y el objeto de discusión e los discípulos. Él les habla de su entrega en favor de los hombres, de cuánto ha de padecer para vencer al pecado y a la muerte, y ellos discuten de quién es el más importante. No es que se distrajeran por pura debilidad, por sueño o cansancio –como tantas veces nos puede pasar también a nosotros al hacer nuestro rato de oración–, sino que como certeramente señala Benedicto XVI: «leyendo esta parte del relato de Marcos se evidencia que entre Jesús y los discípulos existía una profunda distancia interior; se encuentran, por así decirlo, en dos longitudes de onda distintas, de forma que los discursos del Maestro no se comprenden o solo es así superficialmente»[1] Una distancia que se evidencia particularmente en esta subida a Jerusalén y que puedes reconocer en algunos episodios significativos acontecidos entorno a lo narrado en el evangelio de hoy. Por ejemplo, la metedura de pata de san Pedro justamente después de su confesión de fe ante el primer anuncio de su pasión que hace Jesús (cfr. *Mc* 8, 32-33). También la imposibilidad de curar al muchacho poseído por un espíritu inmundo antes de partir hacia Cafarnaún (cfr. *Mc* 9, 14-29). La misma discusión del evangelio de hoy o la petición de Santiago y Juan de ponerse uno a su izquierda y el otro a su derecha (cfr. *Mc* 10, 34-35) o, también, la manera de tratar a los niños, a quienes los discípulos regañan y Jesús, sin embargo, abraza y pone como ejemplo de quienes reciben el reino de Dios (cfr. *Mc* 10, 13-16).

Por eso, porque al preguntarles el Señor acerca de su discusión por el camino, se dan cuenta de esa distancia que les separa de Jesús, *callan*. Es el silencio de la vergüenza y de la culpa, el silencio de quien no se atreve a decir. El silencio del dolor, porque querrían poder decirle que discutían sobre quién le acompañaría más de cerca en ese camino de la cruz que Él les anuncia. Un silencio y una distancia que manifiestan la necesidad de una conversión interior. Una conversión para sintonizar nuestros pensamientos con los de Jesús, nuestros sentimientos y nuestros deseos con los suyos. Abre tu corazón a la escucha de la palabra de Jesús y déjate transformar por su gracia.

---

[1] Benedicto XVI, A*ngelus* (23-9-2012). También lo que sigue.

3. No es casual que la discusión de los discípulos sea sobre quién es el más importante, al contrario, revela algo fundamental sobre esta distancia y falta de sintonía de los discípulos con Jesús. Porque «un punto clave en el que Dios y el hombre se diferencian es el orgullo: en Dios no hay orgullo porque Él es toda la plenitud y tiende todo a amar y donar vida; en nosotros los hombres, en cambio, el orgullo está enraizado en lo íntimo y requiere constante vigilancia y purificación. Nosotros, que somos pequeños, aspiramos a parecer grandes, a ser los primeros; mientras que Dios, que es realmente grande, no teme abajarse y hacerse el último».

La vanidad y el orgullo son dos piedras de toque que permanentemente debe afrontar cualquiera que desee seguir a Jesús de cerca. La persistencia con que nos asaltan manifiestan la herida del pecado original en nuestra alma que tira de nosotros para ponernos en el centro de todo. Querer figurar, destacar, ser el centro de atención, que me alaguen y consideren, todo esto aparece con fuerza en nuestro mundo interior y requiere de nuestra parte una lucha constante. Más todavía cuando la sociedad en que vivimos está particularmente volcada en lo exterior y superficial. Por eso, pídele a Jesús no abandonar esta batalla. Mortifica tu orgullo y tu vanidad en las pequeñas cosas de tu día a día, no decaigas en esta lucha. Quizá te preguntes ¿hasta cuándo? Hasta el final, toda la vida. Porque la soberbia y el orgullo mueren veinticuatro horas después de fallecer la persona.

Acude a quien es maestra de humildad y sencillez, ve siempre a Santa María, ella está perfectamente «sintonizada» con Dios. «Invoquémosla con confianza para que nos enseñe a seguir fielmente a Jesús en el camino del amor y de la humildad».

VIGESIMOQUINTO DOMINGO. CICLO C

1. *Injusto pero astuto.*

2. *La desproporción ricos y pobres, así como la devastación del planeta son procesos que la caridad difícilmente puede tolerar.*

3. *Cambiar de ruta: convertirse también en lo social.*

1. Injusto. Pero astuto. Así es el protagonista de la parábola del evangelio de hoy. Un administrador que decide poner toda su inteligencia al servicio de la supervivencia. Sabe que le queda poco en casa de su jefe. Decide emplear el dinero en hacerse amigos que puedan darle su apoyo y cobijo cuando se encuentre sin trabajo ni hogar. Para ello, perdona gran parte de lo debido, de modo que así los pagadores quedan en deber de gratitud con él. No obstante, condona la deuda de un modo desproporcionado. Por ejemplo, cobra tan solo cincuenta de los cien barriles de aceite que se debían pagar.

Lo más sorprendente no es la astucia del administrador, sino que reciba la alabanza de Jesucristo. Sí. Jesús lo considera laudable y lo ensalza con palabras misteriosas: *Haceos amigos con el dinero injusto –dice*

Jesús–, para que cuando os falte, os reciban en las moradas eternas (*Lc* 16, 9).

Desde el palacio papal de Castelgandolfo, Benedicto XVI comentaba que el dinero no es *injusto* en sí mismo, sino que merece esa calificación porque ninguna otra cosa sobre la tierra es capaz de esclavizar como él[1]. Es cierto: ¿cuántas veces tendremos la desgracia de ver una familia dividida por una herencia? ¿dejará de haber algún día guerra entre las naciones por una riqueza natural en litigio? Podríamos proseguir enumerando una lista sin fin de males que se derivan del deseo de poseer.

Lo que Jesús quiere decir, según el parecer del Pontífice, es que hay necesidad de realizar una especie de conversión de los bienes económicos. Del mismo modo que cada persona debe convertirse, extirpando todo egoísmo y fomentando la caridad, así también en su dimensión social y económica. El dinero que tan fácilmente puede pervertir, debidamente empleado es un instrumento óptimo para concretar la preocupación por las necesidades de los demás.

Dice la Escritura que Cristo *siendo rico, se hizo pobre por vosotros para enriqueceros con su pobreza* (*2 Co* 8, 9) y Benedicto XVI señala agudamente: «parece una paradoja. Cristo no nos ha enriquecido con su riqueza, sino con su pobreza, es decir, con su amor, que lo impulsó a entregarse totalmente a nosotros».

Por tanto, siempre y por encima del dinero está el amor, la caridad. En ella encontramos el criterio justo del uso de los bienes materiales, y en ella reconocemos

---

[1] Cfr. BENEDICTO XVI, *Ángelus* (23-9-2007). También para el resto de citas.

que el bien mayor que podemos dar al prójimo no se mide ni en dólares ni en euros, sino en el cariño y la entrega de uno mismo.

2. Quien haya tenido la oportunidad de viajar a ciudades como Río de Janeiro o Sao Paulo, habrá podido apreciar que, junto a los inmensos y modernísimos rascacielos o urbanizaciones llenas de lujo, se amontonan centenares de favelas en extensas superficies de pobreza. Mientras que en un lado de la calle corren ríos de dinero a través de inversiones millonarias, miles de hombres y mujeres, familias, se desangran en la miserable vida de las chabolas.

En el año 1991, Juan Pablo II llamó nuevamente la atención de este hecho en su encíclica *Centesimus annus*. En este texto, recordaba la primera encíclica social publicada cien años antes por León XIII llamada *Rerum novarum*. Juan Pablo II recordó algunos criterios para la construcción de una doctrina social de la Iglesia.

Después de subrayar algunos aspectos positivos de la moderna economía de empresa, el Pontífice manifestó algunas deficiencias del capitalismo. La evidente desproporción entre ricos y pobres, así como la devastación de los bienes del planeta en vistas a un progreso utópico e ilimitado fueron denunciadas con particular énfasis. El enriquecimiento de unos pocos mientras otros chapotean en la miseria, así como una dañosa explotación del planeta, son procesos que el cristiano urgido por la caridad no puede tolerar.

Surge entonces a nuestra consideración el aspecto social de nuestra fe. Ser cristiano tiene una evidente repercusión política y comunitaria que no puede ser obviada. El alma cristiana debe ser sensible a estas cosas, porque el seguimiento de Cristo lo exige así.

Si te preguntas cómo poner en práctica esa preocupación social, la respuesta es sencilla: formar parte de asociaciones que promuevan mayor calidad de los servicios comunitarios, así como leyes justas; vivir la caridad con los más necesitados a través de un voluntariado organizado (y exigente, no ocasional); colaborar económicamente con la Iglesia y con las instituciones de caridad; emplear tiempo del verano, todos los años, en servir a los que viven en la miseria...

Hay muchas formas de poner en práctica la dimensión social del cristianismo. Lo más importante es tener verdaderamente una conciencia social, y me pregunto si tomamos opción, al menos, por alguna de esas prácticas que nos ayudan a estar más unidos al necesitado.

3. «Cuando predomina la lógica del compartir y de la solidaridad, es posible corregir la ruta y orientarla hacia un desarrollo equitativo y sostenible», afirmaba Benedicto XVI al término de su descanso veraniego.

También nosotros queremos corregir nuestro camino con la lógica del amor. Como el administrador de la parábola, tratemos de ganar amigos con el dinero de la limosna y de nuestras obras. No obraremos inspirados por la astucia humana, sino por la justicia de Dios. Todo le pertenece a Él, y es a Él a quién hemos de devolverle todo: somos administradores de sus bienes cuya utilidad primaria y fundamental es ayudar a las almas a gozar de la gracia de Dios.

Hagamos caso, por tanto, a la última recomendación del evangelio de hoy: *no podéis servir a Dios y al dinero* (*Lc* 16, 13). Ser pobres –aunque tengamos mucho– significa vivir desprendidos de lo material y entregados a las necesidades de los demás; del prójimo más próximo y del mundo entero que tan a menudo languidece por la codicia.

«María santísima, que en el Magníficat proclama el Señor *a los hambrientos los colma de bienes y a los ricos los despide vacíos* (*Lc* 1, 53), ayude a los cristianos a usar con sabiduría evangélica, es decir, con generosa solidaridad, los bienes terrenos, e inspire a los gobernantes y a los economistas estrategias clarividentes que favorezcan el auténtico progreso de todos los pueblos».

VIGESIMOQUINTA SEMANA. LUNES

1. Eres lámpara para alumbrar a los demás.
2. Miremos al cielo, al premio que Dios guarda
para sus enviados.
3. La importancia de la inercia para llegar al cielo.

1. Quizá inmediatamente después de la parábola del sembrador, y de la explicación a sus más íntimos de su significado, que concluyen con esa descripción de la tierra buena que recibe la semilla y da fruto en alusión a los discípulos buenos que escuchan la palabra de Jesús y la ponen por obra, Lucas nos presenta estas palabras: *nadie que ha encendido una lámpara, la tapa con una vasija o la mete debajo de la cama, sino que la pone en el candelero para que los que entren vean luz* (*Lc* 8, 16). Esta correlación hace posible establecer, por tanto, una relación de identidad entre los discípulos que reciben la palabra, la guardan y dan fruto con perseverancia, y esa luz que se enciende para alumbrar a los que entren. *Vosotros sois la luz del mundo* (*Mt* 5, 14), dirá también Jesús a sus discípulos para explicarles esto de manera más directa.

En resumen, esta imagen de la luz va para todo discípulo del Señor, va para ti y para mí. Nos recuerda que lo que hemos recibido de Dios, todo lo bueno que Él ha sembrado en tu vida no es solo para ti, sino que tiene también un destino universal, es también para otros. La gracia que Dios te ofrece no es solo para tu santificación, sino que es también para santificación de los demás, tiene siempre un sentido de misión, de apostolado. Has sido iluminado por la fe y el amor de Dios, auténticos dones inmerecidos, y lo que se espera de una luminaria es que alumbre, no que se esconda. Dios tiene derecho a esperar que la inversión realizada en ti dé los réditos oportunos. Sepultar esa luz con la tibieza hacia las cosas de Dios o sepultarla bajo respetos humanos, es tanto como actuar del mismo modo que aquel hombre que enterró su talento por miedo a perderlo.

Sé luz para otros. No porque seas mejor, o más listo, sino porque Dios te ha iluminado con su gracia y ha pensado en ti para que comuniques esa luz. Piensa cuánto bien ha soñado Dios hacer por medio de ti. Cuántas personas habrá confiado a tu apostolado para darse a conocer. A cuántos dejarías a oscuras si escondes, por una u otra razón, la luz de tu fe.

2. Quizá estas consideraciones te hayan podido producir algo de temor, incluso de congoja, por el peso de la responsabilidad que descubrimos al hacerlas. No es malo del todo que así sea. El don de Dios es siempre también una tarea. Pero esta responsabilidad tuya, grave sin duda, que es la del apóstol, también guarda su recompensa. No olvides la promesa de Jesús cuando Pedro le pregunta qué será de ellos que han dejado todo por seguirle: el ciento por uno, con persecuciones, y la vida eterna.

Miremos entonces al cielo, a lo que Dios reserva para sus santos. Allí disfrutaremos de la visión de Dios, en esto consiste principalmente el Cielo, en gozar viendo directamente a Dios. Es algo inefable, que ni tan siquiera los místicos más elevados han alcanzado en la tierra, porque está únicamente reservado para los santos en el cielo. Pero, siendo el premio el mismo para todos, sin embargo, hay diferencias en el modo de gozarlo. Dice el Concilio de Florencia que las almas de los bienaventurados ven claramente a Dios mismo, trino y uno, tal como es; unos, sin embargo, con más perfección que otros, conforme a la diversidad de los merecimientos. Dicho de otra manera, lo que hacemos en la tierra tiene repercusiones en el cielo. No da igual el bien que hagas o dejes de hacer. Es verdad que la gloria esencial, que es precisamente la visión de Dios no cambia, es la misma para todos e igualmente disfrutada desde que alcancemos el paraíso. Pero hay una gloria accidental que sí varía. Tiene que ver con el gozo de los demás, con su felicidad, y la alegría que nos da su compañía en el cielo y con los méritos especiales de cada uno. Por ejemplo, si aquí en la tierra acercaste a ese amigo o amiga a Dios con tu amabilidad y ejemplo, y fuiste ocasión de que iniciara un cambio en su vida –algo de lo que quizá ni te percataste en su momento–, en el cielo experimentarás por ello una alegría que es parte de la gloria accidental que tendrás allí.

Qué alegría y esperanza nos dan entonces estas palabras de Jesús: *nada hay oculto que no llegue a descubrirse ni nada secreto que no llegue a saberse y hacerse público* (*Lc* 8, 17). Porque todo el bien que hagas con tu apostolado, también el que queda oculto y del que no eres consciente en la tierra, te será revelado en el cielo y será motivo de gloria y alegría. Piénsalo, tu apostolado es siembra de gozo para el cielo.

3. Y para terminar unas palabras que de primeras pueden extrañar, pero que si las piensas un segundo entiendes perfectamente. *Al que tiene se le dará y al que no tiene se le quitará hasta lo que no tiene* (*Lc* 8, 19).

En física se llama inercia, esa propiedad que tienen los cuerpos de permanecer en su estado de reposo o movimiento salvo que actúe sobre él una fuerza. Dicho de otra manera, es la resistencia a ponerse en marcha de un cuerpo en reposo o a detenerse de un cuerpo en movimiento y que, según sea su intensidad, se precisa de una fuerza mayor para vencerla. Pero actúa igual en las demás cosas de la vida. Al que tiene hábito de estudiar le cuesta menos ponerse y le rinde más que al que no lo tiene. El profesional que tiene mucho trabajo se labra una reputación y suelen acudir por eso a él más personas que a otro que quizá está falto de clientes. Y así puedes repasar infinidad de cosas.

En la vida espiritual y en el apostolado pasa igual. Vence la resistencia inicial, toma impulso. Al principio te costará mucho hablar con ese familiar, ese compañero de trabajo o ese amigo, pero poco a poco todo te resultará más fácil y natural. Merece la pena. Recuerda que has recibido gratis e inmerecidamente la luz que llevas en tu alma, compártela con los demás para que tu alegría sea mayor en la tierra y colmada en el cielo.

VIGESIMOQUINTA SEMANA. MARTES

1. La fraternidad: mirad cómo se aman.
2. ¿Quieres vivir la fraternidad? Algunos consejos.
3. Disposición a perdonar siempre.

1. Debieron resultar duras para María las palabras de Jesús: *Mi madre y mis hermanos son estos: los que escuchan la palabra de Dios y la cumplen* (*Lc* 8, 21). Probablemente, llevada por ese hábito de meditar todo en su corazón, la Virgen retendría las palabras de Cristo para pensarlas más tarde en la oración. No es extraño pensar que, en otra ocasión, cuando volviera a encontrarse a solas con su Hijo, le preguntaría sobre el asunto. «¿A qué te referías, Hijo mío, cuando dijiste aquello?».

Fuera como fuese, María descubrió enseguida que los lazos de la gracia son más fuertes que los lazos de la carne. Es la madre de Cristo, pero sobre todo es la primera y más grande discípula del Amor. Jesús no la deja fuera al decir que haya *más madres y hermanos*, o sea, más personas que escuchan a Dios y tratan de obedecer. Al contrario: de este modo ampliaba casi infinitamente la familia de María, que llegará a ser madre de todos los cristianos al pie de la cruz. Pero era, en todo caso, la familia *de María*. La Virgen no perdía a su Hijo, sino que ganaba muchos otros. Ella obtenía así la respuesta de Dios a su entrega: *quien renuncie recibirá cien veces más*.

«¡Qué buen pagador es mi Hijo!». Pensaría María con el orgullo de reconocer la Bondad –con mayúscula– de su Cristo.

Este evangelio tiene una repercusión directa también para cada uno de nosotros: estamos objetivamente más unidos a otro bautizado –aunque no lo conozcamos– que a un hermano o amigo nuestro no cristiano, por muy querido que sea.

Vivir la «fraternidad» entre los cristianos es uno de los signos fundamentales de que nuestra fe es «creíble». Ya Tertuliano decía que sus contemporáneos se extrañaban al ver la unidad entre los creyentes y comentaban entre sí: «mirad cómo se aman».

Una frase, una sentencia, que es en realidad, en nuestro primer rato de silencio, un examen de conciencia.

2. Conviene ser concretos en las exigencias de la «fraternidad cristiana», de modo que nuestra oración va a ser una lluvia de pequeños consejos, con ánimo de que te puedas examinar de algunos de ellos, con intención de aplicarlos, ordenadamente, a tu conducta diaria.

¿Quieres vivir la fraternidad? En primer lugar, lleva a la práctica el imperativo «sonríe por favor», como cuando te haces una foto para el carnet de identidad. A nadie le gusta estar horrible durante años en un documento que tiene que enseñar para cualquier gestión. Vela para que tu sonrisa ilumine también tu vida de familia.

Este es el primer gesto de caridad hacia los demás. Piensa que tienen derecho al mejor de tus gestos, a tu rostro más bonito. La sonrisa auténtica brota del corazón pacificado. Para lograr este propósito, será de utilidad la confesión frecuente bien vivida, y la persuasión de la continua compañía de Dios. Así será difícil –casi imposible– sustraer la sonrisa de tu rostro.

La «disposición a servir siempre» es otro signo magnífico. Hay mil tareas en la vida familiar y entre los amigos que exigen una rápida respuesta de disponibilidad. Si no sale, ¿no será que les quiero poco? ¿O es más bien fruto de la pereza? Como se suele decir, «háztelo ver».

Dentro de los síntomas que mejor revelan la preocupación por los demás está la «oración por los enfermos». Es más, la universal fraternidad que anida en el corazón grande por el bautismo debe llevarte a tener «preocupación verdadera por pobres y necesitados». Los comentarios o gestos despectivos hacia nuestros hermanos por razones de raza o condición social no tienen nada de jocoso, y sí mucho de sectario.

Sonrisa, servicio, preocupación por los enfermos, pobres y necesitados. ¿Qué tal van?

3. En la amplia esfera de lo cotidiano existe el intangible elemento de lo imprevisto. Hay formas de ser, personas que responden con diligencia ante un cambio de planes… y otros que son más cuadriculados –anancásticos, dicen los psicólogos– y les cuesta amoldarse. Una tarea fraterna es «aprender a responder con buena cara», aunque una úlcera te coma por dentro. Tiempo: ya le advertirás sereno que los cambios de planes no te sientan bien. De momento, buena cara.

Leí una vez, en un libro de anécdotas, que un sacerdote santo llegó de improviso al patio de la casa donde vivía y se unió a un pequeño grupo que mantenía una cordial charla. Vendría cansado o preocupado por algo; lo cierto es que tuvo una reacción airada con uno de los presentes. Poco después, se ausentaba del grupo en compañía de su director espiritual. Había sido una pequeñez sin mayor importancia; no obstante, en cuestión de minutos se presentó de nuevo en el grupo, diciendo: «me acabo de confesar. Pedro, perdóname, me he dejado llevar por el cansancio».

La «disposición a perdonar siempre», por pequeña que sea la cosa, y lo más pronto posible, debe ser una disposición habitual de nuestro espíritu. Por eso, debemos pedir al Espíritu Santo y a la Virgen «ser capaces de perdonar siempre»: aceptar las disculpas es signo inequívoco de la grandeza de alma. «¿Aunque sea la quinta vez que me mete hoy el dedo en el ojo?». Sí; aunque sea la quinta vez.

Volveremos a meditar sobre el tema de la fraternidad, con más consejos concretos. De momento, medita estos, y trata de hacerlos presentes en tu vida.

VIGESIMOQUINTA SEMANA. MIÉRCOLES

1. Un cristianismo vibrante.

2. Disfrutar con lo que hacemos.

3. Ahora lo entiendo todo.

1. El entrenador ha puesto a calentar a todo su banquillo. El once inicial está jugando bien, pero no es suficiente. El estratega ha decidido poner toda la carne en el asador. Un delantero y dos extremos veloces se quitan la parte superior del chándal: un triple cambio ultra ofensivo.

Es lo nunca visto: todo entrenador sensato reserva un cambio por si hay lesión o sucede cualquier imprevisto. Aquí no: hay que ir a por todas, no tanto por la victoria, ya asegurada, sino por el deseo de hacer buen fútbol, por amor al espectáculo.

Semejante fue la decisión de Jesús en el evangelio de hoy. Hizo todos los cambios para salir decididamente al ataque: por amor a la santidad, por amor al hombre. *Los envió diciéndoles: no llevéis nada por el camino* (*Lc* 9, 3). Pobreza total, confianza absoluta.

Los discípulos salieron entonces a predicar por los pueblos llevando en su haber una sola cosa (la más importante): la seguridad de su fe. ¡Qué lejos estaba su existencia del cristianismo burgués incapaz de dar vida! Un cristiano acomodado –aburguesado– piensa que por cumplir con preceptos religiosos hay suficiente, juzga al milímetro las faltas de castidad y pasa absolutamente de las ofensas al amor, a la caridad. No admitirá una mirada impura, ni se condenará por ella; pero no hará caso de la pureza de su lengua y de sus juicios, llenos de críticas y comentarios hirientes que ensucian el vermut de las doce. Un cristiano tan supuestamente limpio como crítico, tan puntual en sus compromisos como dejado en el servicio, tan cumplidor con sus cosas como dejado en las de los demás. Es el cristiano del mínimo esfuerzo, del «con esto hay bastante, ¿no?». Es el cristiano que ignora el amor.

Ese modelo cristiano es, por definición, aburrido y triste; con dificultad logrará convencer a nadie porque lo nuestro es, fundamentalmente, alegre.

¡Vibra con tu fe, con la eterna compañía de Dios, con el cumplimiento alegre de tus compromisos espirituales! ¡Nunca digas «basta»! ¡Entusiásmate en la tarea del olvido de ti mismo, no llevando para el camino de la vida más preocupación que la de Dios y la del prójimo! Qué importante es –considéralo– la pobreza que lleva al olvido de uno mismo. Cuántas tardes perdidas te lo confirman: «es un rollo pensar en uno mismo».

2. A pesar de sus tres años, se portaba estupendamente en Misa. Un domingo, Nacho apareció con un tubo de cartón de unos pocos centímetros de diámetro y unos veinte de largo. Se pasó toda la celebración sentado en el reclinatorio, mirando por su tubo a todos los asistentes. Guiñaba un ojo y reservaba el otro para sus investigaciones. Cuando acabó la celebración, alguien le preguntó qué hacía con este tubo. Contestó ufano: «esto es mi telescopio». En realidad, era un cilindro de cartón, restante de un rollo gastado de papel de cocina

Al domingo siguiente se repitió la situación. A la salida de la Iglesia, alguien le dijo: «Nacho, ¿qué tal tu telescopio?». El pequeño se le quedó mirando y respondió con gran lógica: «no es un telescopio, es un rollo de cocina».

Con un telescopio real o figurado, o con un rollo de cocina, Nacho era, sobre todo y más que nada, alguien capaz de disfrutar. Se lo pasaba en grande con muy poco. Había que verlo. Hemos dedicado varias meditaciones a una característica fundamental de nuestra fe y volvemos a hacerlo brevemente ahora: «es necesario disfrutar con lo que hacemos». Vivir apagadamente (casi con tristeza) el amor a Cristo es la mejor manera de mostrar que quizá no nos hayamos enterado de nada.

3. Era ya muy anciano cuando, por fin, consagraron la basílica que él mismo había mandado construir. San Juan Bosco se desplazó para poder participar de la celebración. Estaba muy recogido, en oración. La Misa y consagración de la iglesia y el altar se alargaban por exigencia de una liturgia cuidada. En un momento, el santo gritó: «¡¡¡*Ahora lo entiendo todo!!!*».

Ya en la sacristía, una vez terminada la liturgia, alguien le preguntó: «¿A qué se refería usted cuando gritó en Misa?». Contestó: «Ahora entiendo el sueño que tuve de niño, cuando la Virgen me dijo que enseñara a la juventud no con violencia, sino con dulzura. Hoy lo he entendido todo».

Esta historia tiene dos lecturas que nos edifican. Una es el hecho de que Don Bosco trabajó toda su vida... sin entender completamente lo que hacía. Sufrió muchísimo, pero «disfrutó» aún más: quizá porque los sufrimientos, cuando son fruto del amor, llenan el alma de alegría. Las penas del pecado, en cambio, la vacían e inutilizan para el amor. ¿Cuántas veces pedimos más y más razones para decidirnos cuando, en el fondo, lo que queremos es retrasar un compromiso de seguir a Dios, en la Iglesia? Nos ponemos en jarras y decimos que no estamos convencidos. En realidad, lo que ocurre es que no queremos responder *sí* a Dios.

Por otro lado, lo que san Juan Bosco comprendió es fundamental en otro sentido igualmente importante: hay que querer, hay que amar. Para él, el amor no era solo una técnica educativa, sino un fin en sí mismo. Estamos en la tierra para cumplir nuestra vocación y, sea la que sea, es una vocación al amor.

Nos va mucho en decidir «amar lo que tenemos entre manos, querer lo que nos pasa», aunque no lo decidamos nosotros. Quien ama es feliz hasta en la cárcel, porque el sosiego del alma lo portan los corazones amantes.

VIGESIMOQUINTA SEMANA. JUEVES

1. Atraídos por la fama de Jesús, deseamos conocerlo más.

2. Una lista de amigos santos.

3. ¿En qué cosas intercede un santo?

1. *El virrey Herodes se enteró de lo que pasaba* (*Lc* 9, 7) y tenía ganas de ver a Jesús. La conciencia de Herodes era una conciencia manchada por la lujuria y carcomida por el poder. En su vida no había espacio alguno para todo fondo de rectitud moral. Con todo, al escuchar la grandeza de Jesús, sintió deseos de verlo, aunque no sabemos con qué intención. Probablemente pensaba en su interior, como luego se comprobará en el relato de la Pasión, que si lo llevaba a su presencia podría realizar algún prodigio o hacer un milagro. El caso es que la fama de Cristo había llamado su atención y deseaba llevarlo a su presencia.

También nosotros queremos ver a Jesús, movidos por un motivo más noble que la de Herodes: deseamos crecer en nuestra amistad con Él. La pregunta es «dónde» podemos encontrarlo, «cómo» podemos aumentar nuestro amor por Él.

Los santos nos ayudan en esta tarea. Ellos son los que han vivido de modo más íntimo su relación con Dios. Se asemejaron a Cristo, y la fama de muchos de ellos, como la del Señor, atrajo a los gobernantes y famosos de su tiempo, y muchos desearon conocerlos. La gracia de Dios triunfó en ellos, mucha gente acudió a recibir su consejo espiritual o el consuelo de sus palabras. Los cristianos nos acogemos a su intercesión, convencidos de que ellos nos llevan a Jesús.

Tener «devoción» por un santo es algo muy grande. Significa que nos fiamos de él, que lo vemos superior a nosotros y, a la vez, muy cercano, quizá porque vivió en los mismos lugares donde habitamos o bien porque pasó por las mismas luchas que nosotros.

Profesarle devoción significa también creer que puede interceder en favor nuestro: podemos acudir con nuestras cosas –como hicieron sus propios contemporáneos– con la convicción de que las presentará delante de Dios.

Quien ama a un santo como a su patrón o su intercesor genera con él una amistad muy particular. Por eso, es normal que nuestros héroes en la fe más queridos sean justamente aquellos que nos son más cercanos: de nuestra tierra, de nuestro tiempo.

La presencia del santo se experimenta cercana, da vida. Cuando uno lo quiere de verdad –como por ejemplo a san Juan Pablo II–, llega a pensar qué sería de su propia vida si él no hubiera estado allí. Alimentó sus luchas, alentó sus esperanzas, fue capaz de llenar su corazón joven de ilusión, de entusiasmarle en el camino de la vocación... si él no hubiera decidido ser sacerdote, o hubiera dado la espalda a la gracia de Dios, ¿qué habría sido de mí?

Así de íntima es la relación con los santos: sin este santo, hoy yo no estaría aquí. Su generosidad estimula la tuya, para responder a Dios con un amor semejante al suyo.

¿Tienes devoción a algún santo en particular? ¿Te dejas acompañar por alguno de ellos en el camino de tu vida?

2. Cuando Ignacio de Loyola fue herido en la guerra por una bala de cañón –que lo dejó cojo de por vida– estuvo convaleciente en su casa durante largo tiempo. Fue la ocasión para que pudiera leer unos elencos de vidas de santos, donde se exaltaba la pobreza de uno, la generosidad del otro, la grandeza de alma de un tercero. A Ignacio se le inflamaba el corazón en deseos de parecerse no tanto a uno de ellos, sino a todos a la vez. ¡Ser grande como los santos! ¡Amar a Dios con corazón más grande y desprendido de sí mismo!

Busca tus devociones y ten por amigos a algunos santos en particular que te causen especial estima. Descúbrelo como padre o madre, como consejero en tu día a día. No se trata, como dice el refrán, «de acudir a Santa Bárbara cuando truena», sino de conocer en profundidad al santo al que tienes devoción.

Ya está rodando el curso, y te preguntarás con qué hacer un rato de lectura espiritual. Pide alguna biografía un santo que sea entretenida, realista, y te permita ver que sus luchas fueron exactamente las mismas que las tuyas. Sus caídas, sus victorias; sus alegrías y sus tristezas; sus dificultades... Así podrás conocerlo más, y tener con él o con ella un trato empático, filial –¡hablar con él!– alimentando el deseo de leer y releer sus escritos.

3. Al menos hay tres cosas que puedes confiar a la intercesión de ese santo al que tienes especial devoción.

En primer lugar, «tu fidelidad». Encomendarle el deseo de ser fiel a la propia vocación cristiana durante toda la vida, que se concretará con los años en el matrimonio o en el celibato. Dios dirá: pero desde este mismo instante me encomiendo a ese hombre o esa mujer que, luchando en las mismas circunstancias que yo, venció con la gracia de Dios.

La segunda cosa que podemos dejar en sus manos, además de luchar por sacarla adelante, es el «cumplimiento de nuestros compromisos para con Dios». Si deseamos rezar a diario, y hemos concretado hacerlo durante tanto tiempo, y queremos dirigir otras oraciones a la Virgen o recibir tales días al Señor en la comunión... no abandones tu propósito. Aunque alguna vez no salga. Sé fiel: en esa tarea te ayudarán los amigos de Dios.

Como decía un profesor universitario: los sobresalientes de febrero se sacan en octubre. Trata de hacer bien tu trabajo: ¿crees que ha habido algún santo vago o chapucero? Él te ayudará. Esta es la tercera sugerencia: encomiéndate a él para ofrecerlo todo a Dios.

VIGESIMOQUINTA SEMANA. VIERNES

1. Dios habla internamente con más fuerza que cualquier milagro exterior.
2. La revelación de Dios llega... cuando Él quiere.
3. La presencia escondida de Dios que llama.

1. Los racionalistas de la Ilustración dudaron de los milagros de Cristo. No les cabía en la cabeza cómo un hombre podía ser curado de su enfermedad por la palabra del Señor. Tampoco alcanzaban a razonar cómo se pudo producir la multiplicación de los panes y de los peces; y así tantas otras cosas.

Daban explicaciones alternativas: decían que la enfermedad era psicológica, de modo que los enfermos quedaban sanos de sus males por una especie de persuasión intelectual; o bien que la multiplicación se produjo porque todos compartieron de lo suyo, siendo el milagro de la solidaridad. Más tarde, estos intelectuales pasaron a decir, sin más, que los milagros eran, en realidad, narraciones o invenciones de los discípulos de Cristo para engrandecer su fama.

Alguno llegó a considerar cuáles son las condiciones del milagro perfecto. Y resultó que un acontecimiento en Calanda (España) respondió punto por punto a las características señaladas por los racionalistas: un hombre al que le faltaba una pierna pidió a Dios que le fuera restituida. Y le fue restituida. Un notario de la época da fe de que el buen hombre un día carecía de una de sus extremidades... y veinticuatro horas después apareció, a la vista de todo el pueblo, con dos piernas llenas de salud.

A la luz del suceso, ¿crees que los escépticos se convirtieron? Muchos se escudaron replicando que era una invención, un engaño: cualquier cosa antes que admitirlo.

Los milagros son una «ayuda» para creer. Cristo hizo milagros –de algunos de ellos no podemos dudar–, y hoy siguen produciéndose. Sin embargo, no son suficientes para creer, y tampoco son indispensables. Podemos pasar toda la vida sin ver una sola actuación prodigiosa y tener una fe tan fuerte como la de los santos.

La fuerza determinante que invita a tener una fe sólida no es tanto el milagro exterior como la interior inspiración del Espíritu Santo. Pedro había visto muchísimos milagros de Cristo; pero cuando le confiesa como Hijo de Dios recibe de Él esta respuesta: *Bienaventurado eres, Simón hijo de Juan, porque no te ha revelado eso ni la carne ni la sangre, sino mi Padre que está en los Cielos* (*Mt* 16, 17). Dios llama a la puerta de los hombres y les invita interiormente a creer. La iniciativa es suya. El alma que acepta esta llamada corresponde con el rechazo del pecado, con el amor a Dios y el olvido de sí mismo.

Por eso –porque la iniciativa es Suya–, es tan importante la oración. Rezar a Dios para que sostenga nuestra fe y nos conserve siempre fieles, y orar por los demás para que el Espíritu Santo guíe sus pasos en la fidelidad al evangelio.

La tarea más importante que podemos hacer por los demás no son acciones prodigiosas o servicios extraordinarios: el más eficaz y mejor gesto de amor para con el prójimo es, sin duda alguna, rezar.

2. Cuando san Pedro respondió a Jesús *Tú eres el Mesías de Dios*, como leemos en el evangelio de hoy, no lo hizo movido por su propia ciencia, sino por el Espíritu de Dios. *Esto no te lo ha revelado ni la carne ni la sangre*, le dice Jesús en el paralelo de Mateo, que es como decir, «tan brillante respuesta la has recibido de Dios mismo».

Dios llama cómo y cuándo quiere. Lo hemos visto en otras meditaciones: Manuel García Morente no eligió el momento de encontrarse con Cristo, sino que fue un encuentro insospechado una tarde en que escuchaba música plácidamente en su residencia parisina; Paul Claudel acudió lleno de malicia a la catedral de París, con el único propósito de mofarse de los cristianos... y esa tarde encontró a Cristo. Como estos, tantos otros.

Son ejemplos contemporáneos que reproducen lo ocurrido en el evangelio, porque Cristo está vivo y sigue siendo el mismo que entonces: María Magdalena obtuvo el perdón de los pecados cuando iba a ser apedreada; el paralítico de la piscina volvió a andar después de treinta y ocho años; y también el inválido que fue descolgado mientras el maestro predicaba obtuvo, por gracia, la resurrección de su cuerpo y de su alma, pues volvió a andar y le fueron perdonados sus pecados.

¿Por qué todos ellos recibieron esa interior invitación de Dios en tal momento y no antes? No lo sabemos, pero sí estamos ciertos de que con nuestra conducta podemos mover el corazón de Dios para que prenda en las almas su invitación a la fe.

Los habitantes de Nínive, en este sentido, son ejemplares. Escucharon la predicación de Jonás, y se convirtieron de su mala vida. Los medios: la oración y la penitencia (la mortificación). Dios, que amenazaba con destruir la ciudad, cambió de parecer, y Nínive se salvó.

Oración y penitencia para salvar nuestro mundo, nuestros amigos, nuestra vida. Como los habitantes de Nínive, con la esperanza cierta de que así Dios tendrá más fácil llamar a la puerta de los corazones de los hombres.

3. Esa moción interior del Espíritu Santo en las conciencias no mueve solo a asombrosos milagros o conductas extraordinarias. Se trata de amar a Dios y rechazar el pecado «en las cosas pequeñas de cada día». Dios quiere venir en nuestra ayuda en la lucha cotidiana, empujándonos desde lo íntimo de nuestra conciencia.

Cuando me siento a estudiar, Dios no está lejos. Él quiere participar de mis alegrías y fracasos, de mi éxito intelectual y de mis dificultades. Camina conmigo, y espera, como paciente amante, que yo quiera contar con Él en esta tarea: sea el trabajo, sea el cumplimiento de cualquier otra obligación. Trata de ofrecerle todo, de pedirle ayuda. Quizá baste un crucifijo en tu mesa de estudio para recordarte que Él te acompaña en tu deber.

Lo mismo cabe pensar de nuestros ratos de oración o de cuando nos ponemos a conducir o vamos en el transporte público, hacemos deporte o nos divertimos con los amigos. Dios está siempre, interiormente, invitándonos a la entrega de todo, llamándonos al crecimiento en el amor. Es el sueño más alto de toda alma enamorada:

estar siempre, a todas horas, con la persona amada, que nos mira con atención y nos sonríe y nos anima y nos quiere. Dios que acompaña de continuo al alma en gracia y aguarda pacientemente que esta se dé cuenta, para ayudarla callada pero eficientemente.

Termina este rato de oración con un propósito concreto: ¿qué recordatorios piensas poner en tu vida cotidiana, para no perder de vista la presencia escondida de Dios?

VIGESIMOQUINTA SEMANA. SÁBADO

1. El viaje del amor de Dios es el más interesante.
2. El viaje comporta sacrificios.
3. Es un viaje, hasta cierto punto, misterioso.

1. Amar a Dios es viajar con el corazón hacia Dios, decía el beato Juan Pablo I. «Un viaje precioso. De muchacho me entusiasmaban los viajes narrados por Julio Verne («Veinte mil leguas de viaje submarino», «De la tierra a la luna», «La vuelta al mundo en 80 días», etc.). Pero los viajes del amor a Dios son mucho más interesantes»[1].

Son los santos quienes han recorrido más perfectamente esta senda de la caridad. San Vicente de Paul hubo de frecuentar tanto los ambientes de la más refinada aristocracia francesa como los ambientes más duramente sacudidos por la miseria. Supo emprender ese viaje del desprendimiento de todo y de todos con el fin de servir al prójimo, especialmente al más necesitado. Fue un padre para los prisioneros, enfermos, huérfanos y pobres

---

[1] Juan Pablo I, *Audiencia general* (27-9-1978). También para el resto de las citas.

No menos impresionante son las vidas del resto de los santos. Pedro Claver, por ejemplo, se consagró por entero a Dios y firmaba los documentos como «Pedro, esclavo de los negros para siempre». Juan Bosco, por su parte, levantó toda una ciudad para los muchachos más necesitados y, de entre esos chicos sin futuro, hubo sacerdotes, religiosos, misioneros y honrados padres de familia. Hubo santos; muchos santos que supieron recorrer, como Don Bosco, el apasionante viaje del amor.

Todos ellos juntos no son sino imagen de Cristo, creador de toda gracia. El Verbo de Dios fue el primero en emprender esa peregrinación de la caridad cuando *El cual, siendo de condición divina, no retuvo ávidamente el ser igual a Dios; al contrario, se despojó de sí mismo tomando la condición de esclavo, hecho semejante a los hombres. Y así, reconocido como hombre por su presencia, se humilló a sí mismo, hecho obediente hasta la muerte, y una muerte de cruz* (*Flp* 2, 6-8).

El ejemplo de Cristo, y el ejemplo de todos los santos, es sobrecogedor. El evangelio dice que existía admiración general por lo que hacía... y no es de extrañar, porque quien siendo rico se hace pobre se hace digno de admiración.

¿Cuándo tú y yo? ¿Cuándo?

2. A continuación, Jesús se dirige a sus discípulos y les anuncia: *el Hijo del hombre va a ser entregado en manos de los hombres* (*Lc* 9, 44). Cristo anuncia a sus discípulos que el servicio a los hombres pasa por los milagros y la palabra de aliento, pero la misericordia se manifiesta fundamentalmente, y sobre todo, clavada en la cruz.

El contraste entre la grandeza de las obras de Cristo y lo penoso de la pasión pone de manifiesto la riqueza del Verbo de Dios y su humillación hasta el aniquilamiento. San Lucas subraya así en su evangelio algo que san Pablo había entendido muy bien. No resulta extraña esta influencia paulina en Lucas; sabemos que estuvieron juntos y fueron buenos amigos. Jesús, siendo tan fuerte, se hace débil. Quien quiera vivir en el amor deberá estar dispuesto a hacerse nada y menos que nada.

«El viaje comporta a veces sacrificios», apostilla Juan Pablo I, «pero estos no nos deben detener. Jesús está en la cruz: ¿lo quieres besar? No puedes por menos de inclinarte hacia la cruz y dejar que te puncen algunas espinas de la corona, que tiene la cabeza del Señor (cfr. Sales, Oeuvres, Annecy, t. XXI, pág. 153). No puedes hacer lo que el bueno de san Pedro que supo muy bien gritar "Viva Jesús" en el monte Tabor, donde había gozo, pero ni siquiera se dejó ver junto a Jesús en el monte Calvario, donde había peligro y dolor (cfr. Sales, Oeuvres, t. XV, pág. 140)».

3. A pesar de la claridad del Maestro, los discípulos no se enteran de nada. Jesús enfatiza: *meteos bien en los oídos estas palabras* y el evangelista concluye *ellos no entendían este lenguaje; les resultaba tan oscuro, que no captaban el sentido* (*Lc* 9, 44-45).

En general, nos resulta oscuro todo aquel lenguaje que no deseamos entender. Me temo que así es. Muchas veces, la falta de madurez o de deseo de mejora influye en esta incapacidad para entender.

Sucede a menudo con los jóvenes. Un profesor explica a un alumno algo trascendental de su conducta, con palabras claras... y el chico no se entera de nada. Da igual que su vida se vaya por la borda: simplemente no lo entiende. Por claras que sean las palabras, el lenguaje le resulta opaco. Lo mismo los padres con los hijos. Y qué duda cabe que tal incomprensión desazona al educador.

Hay, no obstante, un hecho sobrenatural que conviene tener en cuenta. La iniciativa de toda libertad es divina, y más especialmente si nos referimos a la voluntad de convertirnos y abrazar la cruz.

El amor a Dios es por ello un viaje misterioso. «Uno no lo emprende si Dios no toma la iniciativa primero. *Nadie* –ha dicho Jesús– *puede venir a mí si el Padre no le atrae* (*Jn* 6, 44). Se preguntaba san Agustín: y entonces ¿dónde queda la libertad humana? Pero Dios que ha querido y construido esta libertad, sabe cómo respetarla aun llevando los corazones al punto que Él se propone: *parum est voluntate, etiam voluptate traheris*, Dios te atrae no solo de modo que tú mismo llegues a quererlo, sino hasta de manera que gustes de ser atraído (San Agustín, *In Io. Evang.*, Tr. 26, 4)».

Renovemos, por tanto, nuestra confianza en Dios, el único que nos hace capaces de servir a los demás. Él fue el autor de la vida de los santos, y desea ser protagonista de la nuestra. El primer paso consiste entonces en suplicar que su gracia tome domicilio en nuestra alma, y pedirle humildemente el gusto de ser atraídos por Él y por sus cosas.

VIGESIMOSEXTO DOMINGO. CICLO A

1. ¿Cómo puede el hombre encontrar la alegría verdadera?
2. Por la humildad. Por la humillación.
3. El fundamento: encarnación-para-la-cruz.

1. Como un eco de la respuesta al salmo, la liturgia nos regala hoy en la segunda lectura, el himno de san Pablo a los Filipenses. *Recuerda, Señor, que tu misericordia es eterna* (*Sal* 24, 6a).

Los buenos conocedores de san Pablo afirman que la comunidad de Filipos fue la única que no dio disgusto alguno al apóstol de las gentes. Pablo fue muy bien recibido en esta ciudad, con quien siempre mantuvo una relación de singular cariño y cercanía. Quizá por eso –solo quizá– les abre su alma en una bellísima carta.

En ella el apóstol ora y comparte la mayor misericordia de Dios con el hombre, el inmenso motivo de gozo espiritual: la encarnación de Jesucristo.

«A pesar de esta situación de grave peligro para su incolumidad física», afirma Benedicto XVI en una de sus catequesis, «san Pablo, en toda la Carta, manifiesta la alegría de ser discípulo de Cristo, de poder ir a su encuentro, hasta el punto de que no ve la muerte como una pérdida, sino como una ganancia. En el último capítulo de la Carta hay una fuerte invitación a la alegría, característica fundamental del ser cristianos y de nuestra oración. San Pablo escribe: *Alegraos siempre en el Señor; os lo repito, alegraos* (*Flp* 4, 4)»[1].

La alegría no es porte exterior, ni un postureo digno de elogio en la más prestigiosa –si es que alguna es prestigiosa– red social. La sonrisa vana revela muchas veces un corazón hueco. Los que molieron a palos y latigazos el cuerpo de Cristo rieron a destajo, como ríen tantas noches muchos jóvenes bajo los efectos del alcohol que deteriora su cuerpo y destroza sus almas. Sonrisa fatua que nada tiene que ver con la singular sencillez de la alegría pura. Menos que nada.

Conviene, por tanto, que meditemos despacio al término de este primer rato de oración sobre la causa de la alegría sincera. Se lo pregunta el Romano Pontífice, con términos inequívocos que excluyen cualquier respuesta vaga: «¿Cómo puede alguien estar alegre ante una condena a muerte ya inminente? ¿De dónde, o mejor, de quién le viene a san Pablo la serenidad, la fuerza, la valentía de ir al encuentro del martirio y del derramamiento de su sangre?».

2. La respuesta a tan compleja pregunta se encuentra contenida en la segunda lectura de hoy. Léela despacio. No tengas prisa. Gusta cada término, medita cada mensaje.

---

[1] BENEDICTO XVI, *Audiencia* (27-6-2012). También todas las citas que siguen.

En el centro mismo del discurso, encontramos la idea central. *Tened entre vosotros los sentimientos propios de Cristo Jesús* (*Flp* 2, 5). «Estos sentimientos se presentan en los versículos siguientes: el amor, la generosidad, la humildad, la obediencia a Dios, la entrega. No se trata solo y sencillamente de seguir el ejemplo de Jesús, como una cuestión moral, sino de comprometer toda la existencia en su modo de pensar y de actuar. La oración debe llevar a un conocimiento y a una unión en el amor cada vez más profundos con el Señor, para poder pensar, actuar y amar como él, en él y por él. Practicar esto, aprender los sentimientos de Jesús, es el camino de la vida cristiana».

No se trata por tanto de cumplir una norma, sino de identificar nuestra existencia con la suya. Ser como Cristo. Ser otro Cristo.

En un tiempo de colapso de los valores, basta que unos pocos –tú y yo– deseemos no disminuir un ápice el horizonte de santidad que la iglesia nos propone, y demos todo cuanto tenemos para seguir sinceramente a Jesucristo.

Él no es ideología ni política, tampoco economía o sociología; es mucho más: es *camino, verdad y vida*. Somos esa «minoría creativa» que, perseverando en el seguimiento del Señor, quiere acomodar su corazón al del Divino Maestro. Dulces como Él, generosos como Él, pacientes como Él, magnánimos como Él...

3. ¿Cuál es el camino? ¿Cómo se puede llegar a tener el mismo corazón de Jesús o, al menos, parecido? *Se rebajó hasta someterse*, dice la escritura (cfr. *Flp* 2, 6-7). *Se rebajó*, repetimos nosotros, resonancia interior ineludible para quien tiene alma y corazón.

Se rebajó. No hay más senda que la humildad; aún más, la humillación. Por ese camino, al cielo. Las estrellas. Dios. La Virgen y los santos. La pureza y la grandeza de alma. Jesucristo.

«Tomó sobre sí mismo las pruebas de los miembros que sufren. Hizo suyas nuestras humildes enfermedades. Sufrió y padeció por nuestra causa y lo hizo por su gran amor a la humanidad, afirma Eusebio de Cesarea». No basta sufrir; se trata de sufrir por amor. Si en nuestra vida entregada olvidáramos el motivo de padecer, podríamos llegar a ser los más infelices de los hombres. Sin embargo, no caeremos en semejante error. Se ha grabado a fuego en nuestros corazones –como en el corazón de san Pablo– la entrega anterior y sobreabundante del Verbo divino, Dios verdadero: su encarnación-para-la-cruz. Todo junto. Con el fundamento y la sustancia de tal amor, ¿quién se permitirá el horrendo lujo de dudar?

¿Y qué nos queda, después de tanto padecer, después de tanto amar? «La obra del Espíritu Santo busca transformarnos por medio de la gracia en la copia perfecta de su humillación» (Carta Festal 10, 4). Nos queda, y no es poco, ser *otro Cristo*, ser *el mismo Cristo*.

VIGESIMOSEXTO DOMINGO. CICLO B

1. *Pecados de juventud.*

2. *Una escuela para conocerse y conocerle.*

3. *Alegrase por el bien.*

1. «La juventud es una enfermedad que se cura con los años», así reza una sentencia atribuida al Nobel de literatura G. B. Shaw. O, al menos, hay que concederle que muchos de los pecados propios de la juventud tienen en la experiencia y el paso del tiempo su mejor antídoto. Basta que eches una mirada atrás –y no hace falta que acumules muchos años– para que veas acciones pasadas de una manera diferente a como las viviste y puedas reconocer en ellas algo de impaciencia y falta de juicio. Así recordaría san Juan aquel encuentro con ese hombre que *echaba demonios* en nombre de Jesús, y al que trató de impedírselo (cfr. *Mc* 9, 38ss). Era un joven impulsivo y lleno de celo, que ve en aquel hombre desconocido y lo que hace una amenaza: ¿cómo se atreve a hacer en nombre de Jesús lo mismo que Él ha encomendado a sus discípulos? Quizá, con la perspectiva que le da el paso de los años y el mayor conocimiento del espíritu humano en general y de sí mismo en particular, cae en la cuenta de que junto a esa impulsividad juvenil había también algo de envidia, muy probablemente oculta para su conciencia en ese momento. Porque, poco antes de ese encuentro, los discípulos –es verdad que él no estaba con ellos pues había subido al monte con Jesús en compañía de Pedro y su hermano Santiago–, como atestigua san Marcos, no habían podido expulsar un espíritu inmundo que atormentaba a un muchacho (cfr. *Mc* 9, 14ss).

Volver a las cosas pasadas y mirarlas desde la perspectiva que da el tiempo y la vida nos ofrece un conocimiento muy valioso de ellas y de nosotros mismos. Pero ten en cuenta que la garantía para que esa mirada hacia atrás sea positiva es que la hagamos de la mano del Señor. Solo entonces podremos ver con amabilidad esas faltas y carencias de juventud, porque miraremos con la mirada amorosa y paciente de Cristo. Esa mirada que se detuvo en Juan y que sabe disculpar la pasada de frenada del hijo del trueno, su explosivo carácter juvenil, e incluso la comparación y la envidia que laten ocultas para el propio adolescente. Esa mirada que sabe esperar y ver más allá. Aprende así a mirar tu vida. Ganarás en sabiduría y conocimiento propio y el fruto es la paz. La paz con que Juan recuerda aquel episodio sin tristeza ni vergüenza, la paz de quien se sabe muy querido por Jesús.

2. ¿Cómo aprender a mirar así la propia vida? ¿Cómo avanzar en esa sabiduría y conocimiento propio? En el examen de conciencia diario tienes una magnífica escuela. Si cada noche, antes de irte a dormir, dedicas un momento a repasar con Jesús tu día estarás educando tu mirada y aprendiendo, cada día más, acerca de ti y acerca de su amor.

La clave de un buen examen antes de irse a dormir no está en tener una lista detallada y exhaustiva de preguntas, o en rellenar un excel con todo lo cumplido o lo que se ha quedado por el camino. No, la clave está en la acción de gracias. En esos breves instantes en los que al comienzo de tu examen te pones en presencia de Dios y le das gracias. Gracias por ese día, por la vida en general, por tantas personas que pone en tu camino, por tantas cosas que te da. Gracias sobre todo por alguna cosa sencilla y pequeña de ese día, pero que mirada con ojos agradecidos cobra brillo y significado, y llena tu corazón de alegría, como se llena el de un niño ante ese detalle insignificante que recibe de su padre o de su madre. La acción de gracias es esa lente que permite ver a tu ojo, aquejado de la miopía egoísta del pecado, con una mirada limpia y justa para reconocer que el amor de Dios es siempre lo primero. Él te cuida y va siempre por delante. ¡Qué consolador es pensar esto! Y cómo cambia nuestra mirada sobre las cosas y sobre nosotros mismos, en particular sobre nuestros pecados y faltas. Porque junto con el dolor por ser desagradecidos con nuestro Padre del cielo, y ojalá ese buen dolor de los pecados habite siempre en tu alma al hacer examen, aparecerá también el consuelo de sabernos amados y perdonados por Dios. Esto te dará una profundidad en el juicio sobre tus actos y un deseo extraordinario de enmendarte y de corresponder mejor con el amor de Dios. Cuida tu examen diario, te hará más sabio y llenará tu alma de paz y alegría.

3. La respuesta del Señor a san Juan centra la cuestión en lo fundamental: se está haciendo en nombre de Jesús lo que es bueno y conforme al reino de Dios. Eso es lo importante. Jesús quiere que Juan –y que tú y yo también– aprenda a amar el bien. Querer lo bueno es siempre querer a Dios y lo que Dios quiere pues Él es el único bueno, como el mismo Jesús recordó a aquel muchacho que se le acercó a preguntarle qué debía hacer para alcanzar la vida eterna (cfr. *Mt* 19, 16-30).

Pero qué difícil es, a veces, alegrarse por el bien que hacen los demás o por las cosas buenas que les suceden a otros. Parece que nos quitase algo a nosotros. Y esto sucede también respecto de las cosas de Dios. Cuánto nos cuesta con frecuencia mirar con buenos ojos a quienes hacen con rectitud el bien, pero no forman parte de la Iglesia o, incluso, a los que forman parte de otras instituciones de la misma, pero son diferentes a nosotros y hacen las cosas de otra manera. Ten siempre presente lo que escribió san Agustín: «como en la católica (así llama el santo de Hipona a la Iglesia) se puede encontrar aquello que no es católico, así fuera de la católica puede haber algo de católico»[1].

Aquí tienes una batalla que dar y un termómetro de la grandeza de tu corazón, que mide si es capaz de ese amor con vocación universal propio de un hijo de Dios. Pídele al Señor saber alegrarte, sin envidia celos o comparaciones, por lo bueno que hacen los demás, reconociendo también ahí la firma del Señor que obra también a través de ellos, como quiere hacer por medio de ti.

---

[1] San Agustín, *Sobre el bautismo contra los donatistas* VII, 39.

VIGESIMOSEXTO DOMINGO. CICLO C

1. No siempre hay marcha atrás.
2. Eso ya lo conozco, ya no hay nada de nuevo.
*3. Estar dispuestos a prescindir de todo para no faltar a
nuestra cita en el Cielo.*

1. Se acostumbra a decir que «nunca es demasiado
tarde». Sin embargo, la parábola del rico Epulón y el
pobre Lázaro indican lo contrario.

Jesús nos cuenta cómo un hombre rico vive dominado del todo por el lujo y el egoísmo, mientras que
el pobre se alimenta de las sobras del rico. El primero
acaba en el infierno, mientras que el que nada tiene es
conducido por los ángeles a la morada eterna de Dios
y de los santos. No hay marcha atrás, de modo que
cuando el rico desea salir del lugar de tormento le resulta imposible. El mensaje de la parábola recuerda que
«mientras estamos en el mundo, debemos escuchar al
Señor, que nos habla mediante las sagradas Escrituras,
y vivir según su voluntad; si no, después de la muerte,
será demasiado tarde para enmendarse»[1].

---

[1] BENEDICTO XVI, *Ángelus* (26-9-2010).

Conviene, por tanto, estar atentos para poder prestar atención al paso de Dios por nuestra vida. El rico fue incapaz de ser consciente de su divina presencia: tan apegado estaba a sus bienes y placeres. Lo tenía todo... ¿qué falta le hacía de un salvador? En cambio, el pobre tenía su esperanza absolutamente puesta en Dios, el único en satisfacer su deseo de bien. Es posible que su única tentación fuera el mismo rico. En más de una ocasión pensaría en su desdicha y renegaría del mundo, de la vida y de Dios mismo. Sin embargo, podemos estar ciertos de que pronto volvía al único que podía salvarlo, aunque fuera porque no le quedaba otra posibilidad.

San Agustín temía con todo su corazón que Jesús pasara tan cerca de los fieles y no se dieran cuenta. Amonestaba a los cristianos tibios de entorpecer la presencia de Dios a aquellos otros que con fidelidad y fervor desean cumplir los mandamientos. Tengo miedo a que Jesús pase –afirmaba– y no le hagáis caso.

Siempre hay posibilidad de cambio... hasta que llega el momento final. Conviene, por eso mismo, caminar siempre de la mano de Jesús: en gracia de Dios y esforzándonos por no apegarnos a las cosas, sino a Él mismo.

2. Ocurrió en una convivencia de niños de primaria. Eran todos muy pequeños: el mayor tendría siete años. Los más de cien alumnos habían sido citados a media tarde por su tutor en el comedor. Allí, don Manuel les explicó que iban a ver algo sobrecogedor, maravilloso. Los niños crecieron en su entusiasmo cuando supieron que ese portento estaba al alcance de su mano; detrás de una puerta. Los niños se removían en sus asientos, no paraban un segundo, inquietos por ver lo que se ocultaba tras la puerta. Después de algunos minutos más de literatura, don Manuel les hizo pasar a conocer al increíble personaje que estaba en la habitación contigua. Entraron en la capilla, reverentes, en silencio: sobrecogidos. ¿Todos? todos menos uno, que exclamó desengañado: «a ese que me vais a presentar ya lo conozco. Esto yo ya me lo sé».

Un modo óptimo de ignorar el paso de Dios por nuestra vida es dar las cosas por sabidas. Dicho de otro modo, «la mejor manera de censurar –o al menos esterilizar prácticamente– una verdad no es negarla o contestarla al menos en parte; sino más bien decir: eso ya lo conozco, no hay nada de nuevo»[2].

No es la primera vez que hablamos de la necesidad de tener una memoria corta: poco recuerdo de los agravios, poca memoria para las afrentas. También vale este argumento para lo bueno: se aprecian mucho más los dones de Dios si no guardamos memoria de lo mucho o poco que recibimos, sino que renovamos nuestra capacidad de asombro por lo que cada día nos regala. ¿Por qué dar por supuesto la belleza de los días de septiembre, cuando las hojas caen y el sol es más rojizo en su ocaso? ¿Por qué no gustar del buen olor a tierra mojada con las primeras lluvias de octubre? ¿Acaso no podemos reconocer el paso de Dios en cada circunstancia creada, siendo las cosas tan bellas como son?

Lo mismo podríamos decir de las personas. Una existencia agradecida porque nuestros ojos son capaces de ver tanta gratuidad: en nuestra familia, en nuestras calles. Un hombre educado que ayuda gentilmente a

---

[2] G. Biffi, *Le cose di lassù. Esercizi spirituali con Benedetto XVI,* Siena 2007, p. 9.

una anciana, un buen gesto de un empleado con otro, el paseo sencillo pero lleno de vida de una familia que camina hacia el parque para que los niños jueguen... ¡un buen partido de champions! Lo que sea...

Cuando se agosta este vital deseo de querer, y sucumbe la capacidad de ser sorprendidos; cuando –perdóname– vamos de listillos, podemos dar por seguro que ni Dios ni nadie conseguirán conquistar nuestro ánimo... porque sencillamente nada nos parecerá que vale lo suficiente.

3. *Bienaventurados los pobres, porque vuestro es el reino de Dios* (*Lc* 6, 20). Dios ama a los pobres, es especialmente benévolo con los agradecidos. Dios no es amigo de la carencia. Al contrario, desea que los corazones de los hombres rebosen de ilusión ante los bienes, materiales o espirituales, que reciben. Por eso recibimos de Jesús una continua exhortación a vivir desapegados, precisamente para no sucumbir a la esclavitud de las cosas y poder disfrutarlas plenamente.

Cuenta Viktor Frankl que, durante su tiempo en prisión en el campo de concentración de Auschwitz, apreció el entusiasmo de los presos por ver amanecer. Todos dejaban sus trabajos o lo que tuvieran entre manos para poder gustar del prodigio: esa inmensa bola de fuego asomando por el horizonte mientras inunda tierras y males con su calor.

Sería lamentable pensar que Dios tuviera que quitarnos todo de modo dramático para que lleguemos a ser capaces de ser profundamente vitales, agradecidos. De todas maneras, tenemos que estar dispuestos a que sea así: por nuestra felicidad en la tierra... y porque está en riesgo nuestra beatitud eterna. Si Jesús nos exigiera nuestra vida, nuestra fama, y todo lo demás con tal de ganar la salvación de nuestra alma... deberíamos estar dispuestos a entregársela. Los frutos de ese ofrecimiento comenzarían a ser palpables ya en esta tierra: más libres, más agradecidos, más hombres, más amor, más de Dios.

Ahí, después del juicio –recuérdalo–, ya no hay marcha atrás. El destino final está condicionado por nuestra actitud en esta tierra; «nos corresponde a nosotros seguir el camino que Dios nos ha mostrado para llegar a la vida, y este camino es el amor, no entendido como sentimiento, sino como servicio a los demás, en la caridad de Cristo»[3].

---

[3] Benedicto XVI, *Ángelus* (26-9-2010).

VIGESIMOSEXTA SEMANA. LUNES

1.*La humanidad de Cristo.*
2*. La cátedra de los niños.*
3*. Experta en el Amor.*

1. Es impresionante contemplar la Humanidad santísima de Jesús; pasmarte ante ese Dios, perfecto hombre,
lleno de ternura para las criaturas. Su mirada, el tono de
su voz, sus gestos, sus reacciones, su risa... nos introdu-
cen en el misterio de un Dios Amor; son puerta para que
nosotros podamos adentrarnos en las profundidades de
la Trinidad.

Sin embargo, sus discípulos todavía tienen unas miras demasiado humanas, les preocupa saber quién es el
más importante y rivalizan por el primer puesto. Jesús,
que va apartado de ellos unos metros, va escuchando la
conversación, les mira con cariño y considera lo mucho
que le queda por hacer con ellos todavía. No interviene
de una manera enérgica ni les corrige con fuerza, sino
que, *conociendo sus pensamientos, tomó de la mano a un
niño, lo puso a su lado y les dijo: «El que acoge a este niño
en mi nombre me acoge a mí; y el que me acoge a mí acoge
al que me ha enviado. Pues el más pequeño de vosotros es
el más importante».*

Silencio profundo en torno al Maestro, agachan la cabeza, ha valido más una imagen que mil palabras. De una manera educada pero efectiva, Jesús «los ha puesto en su sitio»; ha respondido a sus dudas: el primero es el último; el pequeño, el más grande.

Enseñanza fundamental, para los cristianos de todos los tiempos, aprender que la lógica de Dios difiere de la lógica del mundo y que de esta última estamos todos bastante contagiados. Párate un poco a pensar en las manifestaciones que esa mentalidad mundana tiene en ti, reconoce esos pequeños o grandes movimientos interiores que se pueden manifestar en arranques de soberbia, susceptibilidad o tristeza.

Jesús nos pone como ejemplo a un niño, a alguien pequeño y frágil; mientras lo imperante a nuestro alrededor es la fuerza y lo impositivo. Coherente con esta enseñanza, Él nos enseñará a dirigirnos a Dios como Padre, situando nuestra relación con Él en la esfera de la filiación, del abandono confiado: «como un niño en brazos de su madre», en palabras del salmista.

2. «La verdadera grandeza del hombre consiste en hacerse pequeño ante Dios. Porque a Dios no se le conoce con elevados pensamientos y muchos estudios, sino con la pequeñez de un corazón humilde y confiado. Para ser grande ante el Altísimo no es necesario acumular honores y prestigios, bienes y éxitos terrenales, sino vaciarse de sí mismo. El niño es precisamente aquel que no tiene nada que dar y todo que recibir. Es frágil, depende del papá y de la mamá. Quien se hace pequeño como un niño se hace pobre de sí mismo, pero rico de Dios.

»Los niños, que no tienen problemas para comprender a Dios, tienen mucho que enseñarnos: nos dicen que él realiza cosas grandes en quien no le ofrece resistencia, en quien es simple y sincero, sin dobleces. Nos lo muestra el evangelio, donde se realizan grandes maravillas con pequeñas cosas: con unos pocos panes y dos peces, con un grano de mostaza, con un grano de trigo que cae en tierra y muere, con un solo vaso de agua ofrecido, con dos pequeñas monedas de una viuda pobre, con la humildad de María, la esclava del Señor.

»He aquí la sorprendente grandeza de Dios, un Dios lleno de sorpresas y que ama las sorpresas: nunca perdamos el deseo y la confianza en las sorpresas de Dios. Nos hará bien recordar que somos, siempre y ante todo, hijos suyos: no dueños de la vida, sino hijos del Padre; no adultos autónomos y autosuficientes, sino niños que necesitan ser siempre llevados en brazos, recibir amor y perdón. Dichosas las comunidades cristianas que viven esta genuina sencillez evangélica. Pobres de recursos, pero ricas de Dios. Dichosos los pastores que no se apuntan a la lógica del éxito mundano, sino que siguen la ley del amor: la acogida, la escucha y el servicio. Dichosa la Iglesia que no cede a los criterios del funcionalismo y de la eficiencia organizativa y no presta atención a su imagen. Pequeño y amado rebaño de Georgia, que tanto te dedicas a la caridad y a la formación, acoge el aliento que te infunde el Buen Pastor, confíate a Aquel que te lleva sobre sus hombros y te consuela»[1].

3. Qué bien nos viene este evangelio al conmemorar hoy a Santa Teresita de Lisieux, carmelita descalza francesa de finales del siglo XIX y doctora de la Iglesia. En un

---

[1] Papa Francisco, *Homilía* (1-10-2016).

momento en el que se enfatizaba la justicia de Dios, el Espíritu Santo le muestra a ella el camino de infancia: somos hijos pequeños de Dios, y en esa confianza debe desarrollarse nuestra vida.

«Ella nos señala su "pequeño camino" hacia Dios, "el abandono del niñito que se duerme sin miedo en brazos de su padre", porque "Jesús no pide grandes hazañas, sino únicamente abandono y gratitud". Lamentablemente –como escribía entonces, y ocurre también hoy–, Dios encuentra "pocos corazones que se entreguen a Él sin reservas, que comprendan toda la ternura de su amor infinito". La joven santa y Doctora de la Iglesia, por el contrario, era experta en la "ciencia del Amor", y nos enseña que "la caridad perfecta consiste en soportar los defectos de los demás, en no extrañarse de sus debilidades, en edificarse de los más pequeños actos de virtud que les veamos practicar"; nos recuerda también que "la caridad no debe quedarse encerrada en el fondo del corazón". Pidamos hoy, todos juntos, la gracia de un corazón sencillo, que cree y vive en la fuerza bondadosa del amor, pidamos vivir con la serena y total confianza en la misericordia de Dios»[2].

---

[2] *Ibídem.*

VIGESIMOSEXTA SEMANA. MARTES

1. La frustración de ver que no soy todo
lo profundo que debiera.
2. Santiago y Juan, y todos los apóstoles,
crecieron en su amistad con Dios.
3. Aprovechar fallos y humillaciones para crecer.

1. Hay decenas de peculiaridades en la ciudad eterna: una plaza escondida, un escalera curiosa, una escultura singular. La perspectiva Borromini, aun no siendo demasiado espectacular, deja a todos boquiabiertos. Basta con entrar en el patio del palacio Spada, girar ligeramente a la izquierda y contemplar por el ventanal el fenómeno arquitectónico. Merece la pena: en el mismo centro de Roma, a escasos tres minutos de piazza Farnese, constituye un descanso sorprendente para el turista trotamundos.

Una galería de rica ornamentación se abre tras el cristal. El observador juzga sin dudar que el lujoso pasillo debe gozar de unos treinta y cinco o cuarenta metros de longitud. Al fondo, completa el ornato una estatua de figura humana a tamaño natural.

Si se aventura a entrar al museo, será el guía del museo quien rompa el encanto. Apartando el típico cordoncillo rojo que impide el paso, se adentra en la galería produciéndose el prodigio. El docente, paso a paso, se hace desproporcionadamente grande. Pronto, tras caminar pocos pasos, debe agachar la cabeza para evitar darse con el techo. ¿Qué está ocurriendo?

Todo es un juego de perspectiva: el suelo ligeramente levantado, las paredes estratégicamente inclinadas y una estatua de tan solo sesenta centímetros completan los escasos ocho metros de pasillo. El genial Borromini creó esta obra maestra de falsa perspectiva, y para ello se sirvió de la ayuda de un matemático. Así, toda persona que cruzara el magnífico patio con dirección al río Tíber, se gozaría de la riqueza y extensión de la residencia Spada, admirándose del tamaño y la riqueza de una galería que no es sino puro aparentar.

No debería extrañarnos si sucede a nuestras almas algo parecido. Es posible que en ocasiones nos consideremos profundos y expertos en las cosas de Dios. A decir verdad, algo de razón hay en todo esto: no son ni un día ni dos los que llevamos rezando e intentando construir una sólida vida de piedad. Son incontables los años de formación cristiana: en la familia, en el colegio, y ahora en tal o cual parroquia o centro de formación cristiana.

Como en la galería Spada, no descartemos que un día suceda que alguien o algo entre en nuestra alma, sin preguntar, sin llamar a la puerta, y ponga en evidencia que «no somos tan profundos como pensábamos».

Un viaje al extranjero, una convivencia con gente mucho mejor, una muerte inesperada o un fracaso lamentable, pueden delatar una fe superficial o una entrega mínima, un amor propio desmedido. Se nota porque la respuesta a estos estímulos es pobre y, en vez de buscar la respuesta más alta, magnánima y de servicio, escapa por el contrario el hombrecillo amarrón que llevamos dentro y que busca, tan solo, el propio bienestar y seguridad, el agobio por pequeñeces y la preocupación excesiva por la fama.

Cuando llegue esa ocasión –que llegará, no tengas duda– no te entristezcas... antes bien, alégrate, porque comienzas a vivir en la verdad de lo que eres. Solo con un poquito de sufrimiento se adquiere la hondura que Dios desea para cada uno de nosotros.

2. Esta experiencia es tan vieja como el evangelio. Incluso más. Ni siquiera los santos han sido una excepción. Antes bien todo lo contrario: es posible que llegaran a ser santos porque se dieran cuenta pronto de la pobreza de su corazón y de la superficialidad de su conciencia.

Santiago y Juan protagonizan la escena de nuestro relato evangélico de hoy. Fueron enviados por Jesús para preparar su camino a Jerusalén. Se le adelantaron, buscando cobijo en una aldea de Samaria. Judíos y samaritanos estaban enfrentados a causa de la violenta separación de los dos reinos siglos atrás. Al entender que Jesús y los suyos se dirigen a Jerusalén, los samaritanos de ese lugar remoto se niegan a hospedarles.

No cabe duda de que la ira prendió en el alma de los apóstoles, y llenos de odio piden a Jesús hacer descender sobre ellos un fuego que los devore. La idea no era extraña a la Escritura; no sería la primera vez en la que Dios fulmina a los infieles con un fuego devorador. La decisión parece buena y congruente; oportuna.

Él se volvió y los regañó (*Lc* 9, 55). No sabemos en qué términos específicos les amonestó Jesús, pero podemos tener certeza de que Santiago y Juan debieron sentirse poco o nada, fosfatina. Ellos tampoco eran todo lo profundos que debieran. Los discípulos del maestro habían escuchado sus palabras de amor y de vida; aún más, se esforzaban por seguir con fidelidad a Cristo, dejando redes y barcas, dejándolo todo... y una situación de fracaso que toca a su orgullo hace salir de su conciencia quintales de podredumbre.

Decía el poeta Giusti que «hay en el mundo gente que, incapaces de elevarse una pulgada, tratan de levantarse sobre las ruinas de otros». Tal es el comportamiento que afloró en el alma de los apóstoles, que no merecieron sino la reprensión del Salvador. Porque elevarse en cristiano es crecer para dentro... para mejor servir al prójimo.

3. No basta la elección de Dios para adquirir profundidad. Juan había sido llamado, e incluso recuerda la hora exacta: las cuatro de la tarde. Pero no basta. Para nada. En absoluto. Sabernos cristianos, fomentar el trato con Dios, rezar a diario... no es suficiente.

Hay elementos que intervienen de modo decisivo en nuestro crecimiento interior que escapan de nuestras manos: no caben dentro de un plan de vida o una lista de mortificaciones. Son, sobre todo, las humillaciones exteriores y las experiencias de la propia fragilidad. En ellas gustamos el sabor amargo de nuestra nada. Con Jesús, ese trago puede convertirse en miel sabrosísima... si recurrimos prontamente a la gracia de Dios. Escuchar, como Santiago y Juan, como todos los discípulos de todos los tiempos, el tierno reproche del Señor: la grandeza del alma no se levanta sobre las cenizas del prójimo sino en la cruz más repugnante.

El tiempo corre a favor del discípulo. El apóstol no ha de tener miedo al fracaso, que no es sino dosis extraordinarias de crecimiento. Con el paso de los meses y de los años, el corazón se ennoblece en las dificultades y se purifica de la ganga del orgullo. Sin tropiezos como el de Santiago y Juan, difícilmente llegaríamos a enamorarnos sinceramente del Señor y a saber que todo viene de Él. Nos pasaría como a ellos: llamados a ser amigos suyos, nos creeríamos alguien lo suficientemente prepotente como para mandar fuego del cielo.

Y Cristo solo desea que prenda un único fuego: el de la caridad. ¿Entiendes entonces que vale la pena pasar por toda humillación con tal de comenzar a ser «todo lo profundos que debiéramos?».

VIGESIMOSEXTA SEMANA. MIÉRCOLES

1. Promesas de boquilla... o acompañadas por obras.
2. Amar con el corazón de Dios.
3. La respuesta a Dios debe ser inmediata.

1. *Te seguiré adondequiera que vayas* (*Lc* 9, 57). Una persona se ha cruzado en el camino de Jesús y de sus discípulos, y le promete amor incondicional. La declaración es bien bonita, pero lejos de recibir una palabra de agrado de Nuestro Señor, se escuchan por el contrario desconcertantes palabras:

Las zorras tienen madriguera y los pájaros del cielo nidos, pero el Hijo del hombre no tiene donde reclinar la cabeza (*Lc* 9, 58).

¿Qué leíste, Señor, en el corazón de ese hombre para darle semejante respuesta? Jesús reprueba la hipocresía. Se da perfecta cuenta de quién habla de boquilla y quién de corazón.

Es muy probable que este hombre le prometiera todo a Dios, que se le llenara la boca con deseos de cambio y promesas de futuro... pero en realidad no estuviera dispuesto a moverse poco más de unos milímetros. Por eso Jesús le respondió con contundencia, poniendo de relieve la necesidad de ser concretos en las determinaciones, y de obedecer a Dios a cada instante.

Eso va también por nosotros. Tantas veces le decimos a Jesús que le queremos, que querríamos servirle mejor, que no deseamos caer nunca más en esta u otra cosa... pero luego nos cuesta tomárnoslo en serio día a día. Vamos a una convivencia, estamos en un retiro o visitamos al Señor en el sagrario... y «eso» es el cielo, lleno de encendidas palabras de amor... Luego, cuando volvemos a nuestra vida corriente, ¿en qué queda todo «eso»?

Si de verdad quieres amarle, repasa tus pequeños egoísmos cotidianos. Si de verdad quieres no caer, examina cómo puedes consagrar a Dios cada uno de tus sentidos: tus ojos, tus oídos, tu lengua y tu corazón.

No renuncies a decirle que le quieres, pero no dejes de acompañar esas palabras con el empeño de tus obras. Mortifica tu curiosidad por la calle, por la televisión, en internet; no escuches conversaciones que no van contigo; no hables nunca mal de nadie; reserva tu corazón para Dios, que no se pringue de barro. Así le demuestras lo mucho que le quieres... y así también te enamoras más y más. Oye, por eso, el consejo de un santo:

«"Obras son amores y no buenas razones". ¡Obras, obras! —Propósito: seguiré diciéndote muchas veces que te amo —¡cuántas te lo he repetido hoy!—; pero, con tu gracia, será sobre todo mi conducta, serán las pequeñeces de cada día —con elocuencia muda— las que clamen delante de Ti, mostrándote mi Amor»[1].

---

[1] *Forja* 498.

2. Cristo, en ocasiones, toma la iniciativa. *A otro le dijo: «Sígueme»*. La respuesta es lo suficientemente grave como para admitir una excepción en el seguimiento del maestro, pero de hecho no fue así: *él respondió: «Señor, déjame primero ir a enterrar a mi padre». Le contestó: «Deja que los muertos entierren a sus muertos; tú vete a anunciar el reino de Dios»* (*Lc* 9, 59-60).

El judío Neussner, con quien quiso dialogar Benedicto XVI al escribir su libro *Jesús de Nazaret,* decía que, si bien Cristo le producía una admiración extraordinaria, le ocasionaba al mismo tiempo una gran perplejidad, porque exige cosas que ningún hombre puede pedir. ¿Cómo puede pedir a un hombre que no vaya al entierro de su padre y añadir que *los muertos entierren a los muertos?* ¿Quién se ha creído que es?

Nosotros no decimos nada ante tan sobrecogedora reacción; rezamos en silencio intentando entender tanta radicalidad, y pensamos qué sería de nosotros si Cristo nos pidiera tales sacrificios.

Jesús, ¡a mí también me parece demasiado! ¿Quién eres *Tú, Cristo* Señor, que exiges esas cosas? Bien sabes tú lo grande y sincero que es el amor de los hombres a sus esposas, a sus hijas, a sus novias y a sus padres, a quienes les deben todo; lo que pides es de una crudeza tal que causa espanto...

Danos gracia, oh Dios, para entenderlo.

Entenderlo será comprender que el amor de Dios es mucho más grande que cualquier amor humano.

Tú, ¡oh Dios! cuidas con amor providente de todos nuestros amores: padres, hijos, hermanos, novio o esposa. ¡Quiero entenderlo, Jesús! Daría mi vida por ellos y quiero entender que Tú les quieres incluso muchísimo más que yo. ¡Muéstramelo en este rato de oración! Para que pueda quererte a ti por encima de todo y de todos.

«Le hago una confidencia, padre» –decía una madre de familia numerosa a su párroco en la cola del super-mercado– «quiero más a mis hijos que a Dios, y me da pena, porque si amara más a Dios podría quererlos con su mismo corazón».

Deja que los muertos entierren a los muertos; o sea, amar al prójimo con el corazón de Dios. ¿Lo entiendes ahora?

3. La pobre lo estaba pasando muy mal: todo lo veía ne-gro. Sabía que Dios le pedía su vida entera, pero tenía un miedo espantoso. La carrera, las amigas, el futuro, los hijos, la familia… ¡todo en contra! O al menos así lo experimentaba ella. Fue tan extenso su discurso, y tan dramática su exposición, que el prudente sacerdote que la escuchaba consideró oportuno decirle que esperara, porque Dios se daría mejor a conocer con el paso del tiempo, y así podría decidirse con mayor tranquilidad. Ella entonces se recompuso, volvió en sí, lo miró con voz serena y concluyó muy digna: «no puedo no entre-garme ya, porque no puedo hacer esperar a Jesús por más tiempo».

Te seguiré, Señor. Pero déjame primero despedirme de los de mi casa (*Lc* 9, 61). No hay tiempo: no es bonito hacer esperar a Jesús. Como decía san Agustín, temo que Cristo pase y no vuelva. Que llame y no me encuen-tre. Que vocee y no lo escuche. Nada debe mediar entre su llamada y nuestra respuesta, porque Cristo no es un general o un coronel que da una orden, sino el amante, el esposo que invita a un encuentro de amor: y el amor no puede esperar. ¡Qué hermoso es responder a Dios con juventud y prontitud!

No querría que pensaras que hablamos «solo» de la respuesta a tu vocación. En absoluto: precisamente porque queremos quererle, hemos de responder a Jesús con prontitud en las cosas «más pequeñas», en lo que compone cada día y que no hacemos por simple pereza o dejadez.

«Sabes» –igual que yo– que te las pide: las escuchas en una homilía, en la dirección espiritual o en tu oración, y te das perfecta cuenta de que son «de Dios», y en ellas se compromete el amor que le tienes y le quieres mostrar. Son cosas pequeñas: llevar un libro a la oración, rezar con pausa el ángelus, hablar de Dios a tus amigas o amigos cuando conviene, no ser cobarde en la defensa de tu fe...

Mira hacia delante, porque Dios va contigo, y no tengas miedo a ser discípulo suyo.

VIGESIMOSEXTA SEMANA. JUEVES

1. Es exigente el camino de Jesús.

2. La urgencia de seguir a Jesús.

3. Una tentación peligrosa: mirar atrás con añoranza.

1. De camino a Jerusalén, san Lucas nos refiere el encuentro de Jesús con tres hombres, quizá jóvenes, que quieren comprometerse a seguirlo dondequiera que vaya. El Señor se muestra muy exigente con ellos, les trata, incluso, con dureza. No quiere que se lleven a engaños, el camino a Jerusalén es duro y exigente. Si quieren acompañarlo han de estar preparados para la prueba, deben por ello cumplir unos requisitos, unas condiciones que resultan indispensables.

Al primero –que con entusiasmo– ha declarado: *te seguiré adondequiera que vayas*, le contesta abruptamente: *las zorras tienen madrigueras y los pájaros del cielo nidos pero el hijo del hombre no tiene donde reclinar la cabeza* (*Lc* 9, 58). Jesús no esconde que seguirle significa renunciar a las seguridades que ofrece el mundo. Acompañarle implica dejar atrás comodidades, pero también carecer, en algún momento de lo necesario.

Es preciso para seguir a Jesús más de cerca esta rectitud de intención. No sigas a Cristo por conveniencia del momento, o porque pienses que te reportará algún beneficio. Síguele únicamente por Él. Tu única ganancia será Jesucristo. ¡Ojalá descubras –como san Pablo– que es una ganancia que no admite comparación con nada! Y para ello la renuncia a cosas, que aunque legítimas, has de dejar. No está de moda hablar así, pero es la verdad. Y sucede no solo con la vida espiritual, sino con todo lo que merece la pena. Vivimos en un mundo donde con frecuencia escuchas cosas como aprenda sin esfuerzo, o adelgace sin pasar hambre ni hacer régimen. Nada se hace sin renuncia, nada sin dejar a un lado lo que estorba. Tampoco seguir a Jesús.

Fíjate que no hay amargura en las palabras de Cristo, no hay crispación o tristeza, solo manifiesta el hecho de que seguirle implica la renuncia a riquezas, seguridades, comodidades, e incluso de lo necesario en ocasiones. Aprende también de Jesús a renunciar con alegría, sin dramatismos, ni hacerte la víctima. Lo que dejas por Jesús lo haces porque quieres, y lo haces con alegría porque el premio es ya la compañía de tu Señor. Que tu renuncia sea siempre discreta y alegre.

2. *Señor déjame primero ir a enterrar a mi padre* (*Lc* 9, 59), le contesta el segundo hombre a Jesús cuando le pide que le siga. La petición parece del todo razonable. Atender a los padres es de justicia, además de un mandamiento de la ley de Dios, y enterrar a los muertos es una obra de misericordia. Difícilmente puede hacer algo mejor en la situación en que se encuentra, …salvo responder a la llamada de Cristo sin dilación. El reino de

Dios está por encima de cualquier otra realidad, las obligaciones humanas ceden ante la urgencia del Evangelio.

Nunca llegan las cosas cuando querríamos. Nos pasa con las cosas humanas. Como esperásemos a que todo estuviera en orden para acometer las cosas importantes de la vida es probable que nunca nos decidiéramos a casarnos, cambiar de empleo, comprar una casa... También en este orden de cosas o nos decidimos y arrancamos, a pesar de las dificultades y las circunstancias, o corremos el riesgo de quedarnos en una permanente espera de un momento ideal que nunca llega.

También sucede en las cosas de Dios. Su llamada a seguirle más de cerca, con mayor fidelidad y entrega, llega cuando llega, no decides tú el calendario. Si no la aceptas corres el riesgo de que no vuelva. Se dice, a veces, cuando uno deja pasar una oportunidad importante en la vida que «ha perdido el tren». No pierdas tú el tren de Jesús. Si oyes su llamada deja lo que tengas entre manos y atiende. No dilates la respuesta; aunque haya cosas buenas que se entrecrucen, no te distraigas de lo esencial: responder a Jesús.

3. *Nadie que pone la mano en el arado y mira hacia atrás vale para el reino de Dios* (*Lc* 9, 62). De nuevo la contestación áspera de Jesús ante la demanda de tiempo para despedirse de su familia que le hace el tercero de los hombres que encuentra por el camino. El reino exige mirar hacia delante, no cabe detenerse ni para despedir a los familiares. La llamada de Jesús está también por encima de los lazos de la sangre.

Pero en su respuesta Cristo te advierte de un peligro que debes sortear si quieres seguirle: mirar hacia atrás y detener tu mirada en lo que has dejado. Porque sucede que en el momento de la llamada de Jesús el corazón noble, tu corazón, va tras el maestro sin atender quizá demasiado a lo que deja. Solo piensa en lo que ha renunciado y quedado atrás un tiempo después. Así les pasó probablemente a aquellos primeros discípulos de Jesús, que habían dejado todo para seguirle, pero solo les vino a la cabeza ese hecho cuando el episodio del joven rico –que se va triste por preferir sus bienes a seguir a Jesús– lo trae a primer plano. No te apures si también te sucede a ti, y en un momento dado piensas en lo que has dejado atrás. También los apóstoles lo hicieron.

El problema es si lo miras con añoranza y quieres recuperar lo que generosamente diste. Ese mirar para atrás es entonces fuente de tristeza y amargura, poderosas armas del enemigo para hacerte claudicar. Si cedes a esa tentación el enemigo irá haciendo que tu deseo por recuperar aumente y se extienda, de manera que poco a poco quites a Dios lo que con generosidad le ofreciste. Por eso cuidado con esa mirada atrás, que el enemigo es astuto y sabe qué ofrecerte para tentarte, no te detengas mucho en ella. Tú mira a Jesús, mira no lo que dejaste sino lo que has abrazado al seguirle. Le tienes a Él, pero tienes también a la Iglesia –a tus hermanos–, y a María, tu madre. ¿No vale más todo eso que cualquier cosa que dejes atrás?

VIGESIMOSEXTA SEMANA. VIERNES

1. ¿Respondo a los cuidados del Creador?
2. La ley natural... aun cuando parezca que todo da igual.
3. Peor que violar la ley natural es dar la espalda al evangelio.

1. Jesús arremete duramente contra las ciudades de Corazaín, Betsaida y Cafarnaún. Situadas en torno al lago de Genesaret, eran ciudades prósperas en tiempos de Jesús. Cafarnaún, además, fue testigo de gran parte de la actividad del Salvador.

Cristo humilla a esas poblaciones tan prósperas al compararlas con otras cuya perversión era archiconocida. Aún más, Jesús anuncia que el día del juicio será más benévolo para Tiro y Sidón que para cualquiera ellas; *pues si en Tiro y en Sidón se hubieran hecho los milagros que en vosotras, hace tiempo que se habrían convertido, vestidos de sayal y sentados en la ceniza* (*Lc* 10, 13).

Un primer motivo de reflexión es considerar si también nosotros mismos estamos sujetos de semejante acusación. Es necesario pensar si durante la infancia y la juventud, en la escuela y en la familia, hemos recibido una formación tan cuidadosa y atenta como la que Cristo ejercitó sobre los moradores de Cafarnaún. ¿Hemos respondido mínimamente a los cuidados del Creador? Entonces podremos examinarnos con valentía para concluir si no seremos también nosotros objeto del reproche del Señor.

San Juan Crisóstomo no tiene duda: «También nosotros debemos oír esto porque el juicio más riguroso no será solo para aquellas ciudades, sino también para nosotros». Las palabras de Jesús parecen especialmente dirigidas al cristiano comodón y burgués que, preocupado por pequeñeces, es cumplidor estricto de sus deberes religiosos... pero incapaz para la generosidad y el apostolado. Vive en su burbuja de «buen ambiente», donde evita casi con idéntica intensidad pecado y santidad, para lograr como término el disfrute de una vida tan honrada como cómoda.

Tiro y Sidón, entretanto, añoran ejemplos de gracia y palabras de vida mientras sus contemporáneos hacen oídos sordos al Salvador y a su encargo de poner por obra la grandeza de su amor.

2. Existe en todos los hombres un sentido moral original, recibido por el mismo hecho de ser hombre, que es independiente de toda cultura o creencia, y permite al hombre distinguir el bien del mal mediante el uso de la razón. Se llama «ley natural». Es una luz interior que hace posible separar lo bueno de lo malo, y que se concreta de un modo práctico en el enunciado de leyes universales de validez perenne. Expresa la dignidad de la persona, y enuncia sus derechos y deberes fundamentales.

Cicerón, poco antes de la llegada del cristianismo, y como poniendo de relieve que esta realidad es ajena a toda creencia, afirma: «Existe ciertamente una verdadera ley: la recta razón, conforme a la naturaleza, extendida a todos, inmutable, eterna, que llama a cumplir con la propia obligación y aparta del mal que prohíbe. [...] Esta ley no puede ser contradicha, ni derogada en parte, ni del todo».

La perversión de las costumbres puede motivar que esa luz interior sea sofocada en gran medida. Ya no es posible calificar de modo natural tal o cual cosa como buena o mala, porque el corazón se tuerce de tal manera que no hay más imperio que el del relativismo: «todo da igual». Cualquier duda moral se resuelve con un torpe encogerse de hombros, como si todo importara un pimiento: «a mi me gusta... y basta».

Por esta razón, cuando un cristiano condena el aborto o arguye que el matrimonio ha de establecerse entre un hombre y una mujer... recibe la injusta condena por la sospecha infundada de que sostiene en la plaza pública un razonamiento religioso. No es cierto: defender la vida es de razón natural, apoyar el matrimonio (hombre-mujer) pertenece al más humano de los sentidos.

Para evitar que se apague la luz de la ley natural dentro del hombre, es oportuno dedicar tiempo a la formación de la conciencia y poner empeño en una lucha virtuosa. Con estos dos propósitos, concretados en la dirección espiritual, muchas dudas a propósito de temas tan actuales como evidentes se desvanecerán: porque son de razón natural, y aunque la corrupción de Occidente se empeñe en decir que es normal, hay que gritar a pleno pulmón que no lo es en absoluto.

3. No obstante, el Señor es más duro con Cafarnaún, Corazaín y Betsaida que con Tiro y Sidón, porque, peor aún que violar la ley natural es dar la espalda al evangelio.

Al menos, así lo entiende Beda el Venerable, cuando afirma que el Señor «se lamentaba de que en estas ciudades no hiciesen penitencia después de tantos milagros y predicaciones, y que fuesen peores que los gentiles que solo violaron la ley natural; porque, después de haber despreciado la ley escrita, no temieron despreciar también al Hijo de Dios».

La noticia no es nueva. En otro lugar, el Salvador anunciará que a quien mucho se le dio mucho se le exigirá; aplicando así el mismo criterio que Pablo enunciará en sus cartas: quien siembra generosamente, generosamente cosechará. Así, el rey de reyes dará diez talentos nuevos a quien supo hacer fructificar los diez propios, mientras que procura cinco a quien cinco gestionó.

Es posible que en el silencio que sucede a esta meditación seas consciente de que tú también, en ocasiones o de continuo, has dado la espalda a Jesús. Piensas escalar el cielo, como Cafarnaún, subiendo peldaños con la potencia de tu inteligencia o la simpatía de tu virtud. Imaginas un futuro lleno de éxito profesional, jalonado por la admiración de todos y muy lleno de euros. De hecho, te va bien, nada falta, todo encaja, al menos en apariencia... ¿y?

También puede ocurrir todo lo contrario: que en tu plegaria te deshagas en acción de gracias por la inmensa misericordia de Dios contigo y lo afortunado que te sientes de tenerle cerca. Perderías antes la vida que su amor.

Ese es tu deseo. Así quieres escalar el cielo: llevado por su gracia e inspirado por su divina caridad.

Seguramente no tuviste duda al calificar nuestros tiempos como Tiro, Sidón, Sodoma o Gomorra. Toca ahora bajar a lo profundo de uno mismo para concluir si no seremos también nosotros un poquito Cafarnaún o Corazaín; un pequeño Betsaida que da muy a menudo la espalda al Dios amor.

VIGESIMOSEXTA SEMANA. SÁBADO

1. Que duro tiene que ser ser estatua.
2. Apóstoles que traen a la tierra un trocito de Cielo.
3. Apóstol, contemplativo: sencillo.

1. Paquillo y sus amigos tenían conversaciones que, por rayar el absurdo, eran incluso divertidas. Alfredo decía, con ocasión y sin ella, que jamás le hubiera gustado ser tiza, porque la tiza es pequeña, la espachurran en una pizarra para hacer sufrir a los alumnos, la depositan sin cariño ninguno en el supuesto lugar de las tizas y, como ahora las hacen cilíndricas, siempre se precipitan al suelo y ¡zas! se parten… para ser final y dramáticamente pisada por los chicos al salir de clase. Su entierro está constituido por un barrido inmisericorde.

Una tarde de otoño, acurrucados en sus paraguas, todo el grupo corría al refugio de sus hogares cuando, pasando por la plaza, Paquillo se separó del resto mirando extasiado a Cánovas del Castillo, solemnemente inmortalizado en la plaza a la vista de todos. Allí estaba su efigie, calada hasta los «huesos», inmóvil en su gesto. El muchacho se detuvo en aguda observación del monumento. Después de unos segundos, dio varias vueltas a su alrededor, insultando al personaje o bien diciéndole cosas sorprendentemente elogiosas. El resto de amigos pensaba que se había vuelto loco. Cuando ya por fin estaba cara a cara con Cánovas, Paquillo gritó a voz en cuello el aforismo del poeta: «Que duro tiene que ser, ser estatua»[1].

La estatua no se mueve nunca: no escucha, no mira, no se entusiasma ni padece... no hace nada. Es verdad que tampoco las piedras del campo se mueven, pero es mucho peor ser estatua, porque el contraste es tan relevante que reafirma su dureza: la estatua nació para ser bella, para ser arte, para ser admirada; pero ella no puede disfrutar ni entusiasmarse con nada. Siendo hermosa no puede gozar de lo más bonito que hay en la relaciones de los hombres: la comunicación, el amor. En la paradoja está su sufrimiento: algo bonito que no puede disfrutar de lo bello.

Los discípulos, en el evangelio de hoy, llegaron a ser apóstoles. Quizás eran estatuas, que escuchaban a Jesús y veían lo que pasaba alrededor, inmóviles hasta este momento. Cristo les da fuerza y gracia para que vayan de pueblo en pueblo, para que se muevan. ¡Alegría inigualable en el corazón del apóstol porque puede, al fin, comunicar la belleza de Jesucristo! El día en que empezaron a moverse, comenzaron a enterarse de algo.

Es preciso hablar de Dios. Los setenta y dos bien lo experimentaron. Veían a Satanás caer como un rayo. Dejaron de ser «statuas» de su fe para ser apóstoles del evangelio... y la felicidad pobló sus almas haciendo de ellas su morada.

---

[1] R. ELDER, *La vida ondulante*.

Y tú y yo, ¿cuándo seremos apóstoles? ¿cuándo seremos testigos que se mueven y comunican a otros la belleza de Cristo? ¿Hasta dónde llega tu iniciativa en las cosas de la fe?

2. Jesús se entusiasma. Ve la alegría de los suyos y, como tiene un corazón nada envidioso, se goza por ellos. Como una madre que viera a sus hijos reír y disfrutar, contentos por lo que tienen, felices por lo que les da la vida, así Cristo se alegra, y mucho, con las sinceras alegrías de sus fieles.

Puesto que reinaba la paz entre ellos, y la satisfacción por la misión cumplida, Jesús aprovecha para abrirles, nuevamente, su corazón:

Mirad: os he dado el poder de pisotear serpientes y escorpiones y todo poder del enemigo, y nada os hará daño alguno. Sin embargo, no estéis alegres porque se os someten los espíritus; estad alegres porque vuestros nombres están inscritos en el cielo (Lc 10, 19-20).

¡Qué promesa la de Cristo a esos setenta y dos! ¡Sus nombres en el cielo! Nos gustaría, Jesús, que también a nosotros pudieras decirnos lo mismo: que nuestros nombres están grabados a fuego en el corazón del Padre y que nuestro destino es el Cielo; sí, el Cielo, ahora con mayúsculas, porque es sobresaliente la alegría de contemplarte, y de ver a nuestras personas queridas, y disfrutar juntos de tu gloria. Amar como nunca hemos podido o querido amar a nuestros amigos, a nuestras amigas: porque allí no hay pecado, no hay concupiscencia, no hay margen de error. Querer de verdad, amar sin límite, disfrutar sin condiciones.

Y mientras llega ese momento… la tierra. Es el lugar donde los cristianos con nuestra vida de apóstoles queremos traer un trocito de cielo: con nuestra actividad, claro que sí, viendo esos demonios que caen, esos amigos nuestros que pacifican sus conciencias en la confesión, esas amigas que encuentran paz en nuestro consejo.

Pero también y sobre todo, con la quietud de la contemplación –quietud de estatua, ahora sí– que, sobrecogida por lo bello, mira perpleja el misterio de Dios. Porque el Cielo no es moverse, sino contemplar: amar tiene mucho de mirar... y si no que se le digan a la madre de un recién nacido, que se lo digan a una pareja de enamorados. Mirar sin cansarse, querer, enternecerse y entretenerse en una infinita acción de gracias.

¿Quieres un alma de apóstol inquieta por traer la gracia a los hombres, el Cielo a la tierra? Aprende a rezar, lucha por ser contemplativo.

3. La segunda confidencia que Dios nuestro Señor nos hace hoy es esa preciosa oración que nace de su exultante alegría:

Te doy gracias, Padre, Señor del cielo y de la tierra, porque has escondido estas cosas a los sabios y entendidos, y las has revelado a los pequeños. Sí, Padre, porque así te ha parecido bien (*Lc* 10, 21).

¿Quién es la gente sencilla? Porque si son ellos los que reciben los secretos del corazón de Jesús, nos interesa mucho contarnos entre ellos. ¿Quiénes son?

Son los niños, que se mueven sin parar en sus juegos y trabajos, encargos y obligaciones; que confían infinitamente en la voluntad de sus padres y saben que lo que hacen no es importante, porque su padre podría hacerlo en un segundo, pero es su tarea, para crecer y ser mayores y responsables. Son personas pequeñas en lo físico pero grandes en el amor confiado y abandonado, porque son conscientes de que por sí mismas nada pueden.

Como decía el mismo poeta: «Los niños nos obligan mágicamente a inclinar la cabeza», y es verdad, porque en niños y enfermos, en los sencillos, se encuentra el reverente rostro de Dios.

¡Apóstol! Piensa qué iniciativas pones en práctica para que otros conozcan la fe que lleva al Cielo. Contemplativo: sencillamente porque quieres ser apóstol. Y niño: para gozar siempre con meridiana claridad de esa gozosa verdad, que todo depende de Dios y lo tuyo es, simplemente, disfrutar.

VIGESIMOSÉPTIMO DOMINGO. CICLO A

1. Nuestra ventaja es creer en un Dios inerme.
2. Cuidar la viña siendo agradecidos.
3. La viña nunca será destruida.

1. «Hace unos días, a la hora de la visita en la iglesia», escribía el Padre Andrea Santoro, «se presentó un nutrido grupo de muchachos más bien voceadores y ruidosos. Unos cuantos empezaron a hacerme preguntas: "¿Pero estás aquí porque te han obligado?". "No, he venido de buena gana, libremente". "¿Y por qué?". "Porque me gusta Turquía. Porque había aquí una iglesia y un grupo de cristianos sin sacerdote, y entonces me puse a disposición. Para favorecer las buenas relaciones entre cristianos y musulmanes...". "¿Pero estás contento?" (usaron la palabra *mutlu*, que en turco quiere decir feliz). "Claro que estoy contento. Ahora os he conocido, ahora estoy más contento todavía. Os aprecio". En ese momento los ojos de una muchacha se iluminaron, me miró con profundidad y me dijo con arrojo: "También nosotros te apreciamos". Decirse te apreciamos, dentro de una iglesia, entre cristianos y musulmanes me ha parecido un rayo de luz. Bastaría esto para justificar mi venida»[1].

Con estas sencillas palabras compartía el sacerdote las pequeñas alegrías que encendían su tarea pastoral. En su carta describía la sociedad turca y su trabajo en medio de una sociedad musulmana. Lo paradójico es que lo hacía pocos días antes de ser asesinado en la ciudad de Trebisonda.

«Nuestra ventaja al creer en un Dios inerme, en un Cristo que invita a amar a los enemigos, a servir para ser señores de la casa, a hacerse el último para ser el primero, en un evangelio que prohíbe el odio, la ira, el juicio, el dominio, en un Dios que se hace cordero y se deja golpear para matar el orgullo y el odio en sí, en un Dios que atrae con el amor y no domina con el poder, es una ventaja que no hay que perder», afirmaba de modo casi profético. «Es una ventaja que puede parecer desventajosa y perdedora, y lo es a los ojos del mundo, pero es victoriosa a los ojos de Dios y capaz de conquistar el corazón del mundo. Decía san Juan Crisóstomo: "Cristo apacienta corderos, no lobos. Si nos hacemos corderos, venceremos, si nos hacemos lobos, perderemos". No es fácil, como tampoco lo es la cruz de Cristo, siempre tentada por la fascinación de la espada. ¿Habrá quien quiera regalar al mundo la presencia de este Cristo? ¿Habrá quien quiera estar presente en este mundo de Oriente Medio, sencillamente, como cristiano, sal en la comida, levadura en la masa, luz en la estancia, ventana

---

[1]   http://www.alfayomega.es/estatico/anteriores/alfayomega500/testimonio/testimonio.html

entre muros levantados, puente entre orillas opuestas, ofrecimiento de reconciliación?».

El evangelio de hoy nos habla de enviados que son asesinados por los trabajadores de una viña. Finalmente, el propio hijo del propietario conoce la muerte violenta. La historia de los discípulos, de los amigos de ese Cristo muerto y resucitado, no será muy distinta. En Trebisonda o en la universidad de tu ciudad, en Turquía o en tu patria natal, lo mismo da: Jesús quiere que, como él, vayamos a trabajar a la viña y nos dejemos la vida amando. ¿Lo intentas?

2. En el Antiguo Testamento se usan la imagen de la viña y el propietario para significar la relación de Dios con su pueblo. Isaías entona un canto de amor a su viña. Con lenguaje poético, nos cuenta los muchos cuidados que el Señor tuvo sobre su propiedad. Podemos decir que hizo todo lo que está en su mano para que la viña pudiera crecer y dar buenos frutos. No podía hacer ya más por ella, cuando resulta que en vez de uvas dio agrazones. Dios esperaba derecho y justicia, y encontró asesinatos y lamentos (cfr. *Is* 5, 1-7).

Jesús toma de nuevo esta imagen para recordar a los judíos que la viña les va a ser arrebatada. Han asesinado uno por uno a todos los enviados de Dios, los profetas. En anuncio de su propio destino, Jesucristo hace referencia al envío del hijo del propietario, que será también víctima del homicidio de los trabajadores. Los judíos entendieron muy bien la imagen, porque era antigua, porque les era familiar. Saben que va por ellos.

Han pasado veinte siglos de las palabras de Jesús, y los interpelados somos ahora nosotros mismos. Los cristianos contemplamos como lugares eminentemente cristianos dejan de ser lugar del Dios verdadero para convertirse en tierra de misión. Así lo explicaba el papa Benedicto XVI, comentando este mismo evangelio:

«En este contexto resulta espontáneo pensar en el primer anuncio del Evangelio, del que surgieron comunidades cristianas inicialmente florecientes, que después desaparecieron y hoy solo se las recuerda en los libros de historia. ¿No podría suceder lo mismo en nuestra época? Naciones que en otro tiempo eran ricas en fe y en vocaciones ahora están perdiendo su identidad bajo el influjo deletéreo y destructor de una cierta cultura moderna. Hay quien, habiendo decidido que "Dios ha muerto", se declara a sí mismo "dios", considerándose el único artífice de su destino, el propietario absoluto del mundo»[2].

Aprovechemos este segundo momento de reflexión para meditar, en primer lugar, los cuidados que Dios ha tenido con cada uno de nosotros. La mejor manera de que nadie arrebate nuestra fe es reconocer lo mucho que Dios ha hecho por nosotros. Después, hagamos propósito de custodiarla, no solo queriendo ser fieles nosotros mismos, sino atendiendo a esa pequeña viña que es mi familia y mis amigos. ¿Qué puedo hacer para que el buen nombre de Dios no se disuelva en una sociedad tan... diluida?

3. «Desembarazándose de Dios, y sin esperar de él la salvación, el hombre cree que puede hacer lo que se le antoje y que puede ponerse como la única medida de sí

---

[2] BENEDICTO XVI, *Homilía* (5-10-2008). También para las citas que siguen.

mismo y de su obrar. Los empleados de la viña pensaron que nada ocurría por acabar con la vida de los empleados que venían a pedir cuentas. Aún más, estaban convencidos de que asesinando al heredero serían propietarios de la herencia. Sin Dios, todo parece más fácil; cualquier cosa, a mi antojo. En apariencia, una libertad sin límites. Pero cuando el hombre elimina a Dios de su horizonte, cuando declara "muerto" a Dios, ¿es verdaderamente más feliz? ¿Se hace verdaderamente más libre?». Una mirada honrada a nuestro entorno –y madura– nos enseña que quien no vive según el amor acaba siendo esclavo de su propio apetecer. La libertad verdadera se pierde cuando se ocupa el lugar de Dios.

«Cuando los hombres se proclaman propietarios absolutos de sí mismos y dueños únicos de la creación, ¿pueden construir de verdad una sociedad donde reinen la libertad, la justicia y la paz? ¿No sucede más bien – como lo demuestra ampliamente la crónica diaria– que se difunden el arbitrio del poder, los intereses egoístas, la injusticia y la explotación, la violencia en todas sus manifestaciones? Al final, el hombre se encuentra más solo y la sociedad más dividida y confundida».

Pero queda una esperanza. La viña nunca será destruida. Tu fe permanecerá incólume si te mantienes bien cerca de Jesús. Pídele que te custodie siempre; que no se canse de protegerte con su providencia, de regarte con su Espíritu Santo, de hacerte crecer con su gracia. La viña del Señor vivirá por siempre. También dentro de ti. También en lo más íntimo de los corazones, que es donde crece y se hace fecundo el reino de Dios.

VIGESIMOSÉPTIMO DOMINGO. CICLO B

__1.__ La Iglesia: uno de esos sitios donde se cree en el amor.

__2.__ Señor, enséñanos a amar.

__3.__ Dios no abandona a sus hijos separados.

1. El exceso de trabajo, el agobio por mil cosas, la continua incapacidad de encontrar el momento propicio, retrasaban la decisión y Rocío comenzaba a estar cansada. Después de siete años de noviazgo, Elías comprendió por fin que había llegado el momento. Citó a su novia en un restaurante cercano a su casa: le iba a pedir la mano. Sí, como se ha hecho toda la vida. Con ilusión: una promesa para siempre.

El restaurante era de primera, y bien sabía ella que el encuentro iba a ser definitivo. Por eso, se arregló muy bien, mientras sonreía con el entusiasmo de una mujer feliz con un punto de nerviosismo más propio de una adolescente enamorada que de una mujer adulta.

Elías había dejado para el último momento lo más importante: el anillo. Fue a un enorme centro comercial, subió a la tercera planta y compró en una joyería de gran prestigio el que sabía que tanto le iba a gustar. La gestión duró pocos minutos: no tenía mucho tiempo si no quería llegar tarde. Es sabido por todos que los hombres compran siempre rápido, aunque no siempre compren bien... Esta vez no se equivocó.

Cuando bajó al inmenso parking, comprobó que su coche (donde además había dejado el móvil) ¡no estaba! Por un momento pensó si acaso se lo habrían robado, pero pronto achacó la pérdida a su continuo despiste. Diez minutos, veinte, treinta. Parking rojo, amarillo, verde y marrón. Planta primera, segunda, tercera... Cuarenta minutos.

Rocío, entretanto, enfadada y sin noticias de él, espera. Llama, manda mensajes... hace todo y piensa lo peor, porque es propio del que espera pensar mal del que se retrasa; y enojarse y desesperar y... entristecerse, porque, cada pocos instantes, hacía un mismo propósito: si en diez minutos no aparecía, lo dejaría para siempre. Así el tiempo prolongaba su enojo y su esperanza; y entre una cosa y otra... pedía al ángel custodio de su novio que él nunca se olvidara.

Fue entonces cuando un motorista melenudo se cruzó en la desesperada carrera de Elías justo en medio del P-2 Amarillo. Paró bruscamente delante de él y le dijo con voz queda: «tu coche está en el piso de arriba». El chico, sorprendido, le preguntó: «¿Cómo lo sabes?». Respuesta lacónica: «te he visto entrar». Acelerando a fondo, desapareció de su vista. En efecto, subió una planta, encontró el coche... y llegó a tiempo. Rocío pudo respirar por fin, se fundieron en un abrazo y la secuencia de petición, anillo, lágrimas...

La suya es una historia hermosa. Por desgracia, cada vez más rara. El corazón y el alma de los hombres y las mujeres de nuestros días están muy heridos. Falta capacidad de amar, y muchos han llegado a pensar que el matrimonio es un proyecto imposible.

Cuando Jesús censura el divorcio en el evangelio no es porque quiera condenar a los hombres a relaciones aburridas sino porque cree –y la Iglesia con Él– en el amor para toda la vida. ¡Sí!: es «posible» aún hoy amar a una persona para siempre. Es posible, gracias a Dios, curar el corazón del hombre y de la mujer y hacerlos capaces de amarse hasta la muerte.

Ahora más que nunca, anunciar el evangelio significa curar, «porque el hombre necesita sobre todo la verdad y el amor»[1]. Curar es también restablecer la comunión perturbada entre el hombre y la mujer. Cristo cura al amor mismo. Su gracia expulsa «los demonios que, siempre de nuevo, desgarran y destruyen su amor»[2].

¿Dificultades en tu noviazgo, en tu familia, con los tuyos? Ve a la Iglesia a hablar de ello porque es uno de los pocos sitios donde creen que los problemas son para superarlos.

Convéncete: la Iglesia no es casposa sino luminosa, porque tiene una fe muy grande en lo que el hombre –con la ayuda de Dios– puede llegar a hacer.

2. Cristo afirma fuertemente la dignidad del corazón del hombre y de la mujer, capaz de compromisos definitivos. Es posible llegar juntos a la ancianidad, y sufrir mucho (muchísimo) por amor al otro: saber padecer juntos e, incluso (aún más heroico), sufrir la soledad aunque se

---

[1] Benedicto XVI, *Homilía* (29-9-2009).

[2] *Ibídem.*

esté acompañado, esperando que la otra parte, un día, vuelva.

«Fabiola da tanto amor que me abrasa el corazón» escribía el rey Balduino de Bélgica de su esposa. «Su presencia silenciosa y activa es para mí una inmensa alegría. ¡Señor, cuánto me mimas! Fabiola es delicadísima conmigo y no puede tener más atenciones. Es muy alegre. Gracias, Dios mío... Gracias por el amor de Fabiola, maravillosamente fuerte y tierno a la vez. Ayúdame a estar alegre con tu alegría y amar con tu propio amor»[3].

Teniendo fe es posible amar así; con la seguridad de que es posible querer de esta manera.

A los discípulos les pareció un milagro que un hombre y una mujer pudieran estar juntos para siempre. Dijeron que, si la condición del hombre era la de no poder separarse de su esposa, traía más cuenta no casarse: no compensa (cfr. *Mt* 19, 3-10). ¡Iban a ser los apóstoles, columnas de la Iglesia! Cristo tuvo paciencia con ellos y les enseñó a amar, como a adolescentes que nacen a la vida. Tenlo claro: si lo hizo entonces, sigue estando muy dispuesto a hacerlo ahora, en el silencio de tu oración. Porque hoy –como entonces– los corazones de los hombres necesitan ser curados para poder amar de verdad.

3. A veces ocurre que causas graves aconsejan la separación de los esposos. Si conoces a alguien a quien le haya ocurrido esto –quizá, a ti mismo–, recuerda que

---

[3] J. P. Manglano, *El libro del Matrimonio*, Barcelona 2010, p. 107.

Cristo y su Iglesia no le dejan de lado, antes bien todo lo contrario.

Jesús cree en la palabra dada –¡palabra sagrada, que dan los esposos delante de Dios!–, y por eso nunca el divorcio será una posibilidad. Ahora bien, Él llama nuevamente a sus hijos separados a un camino de amor que consiste, en primer lugar, en la adulta aceptación de su historia y de su vida. La Iglesia no hace como el mundo, exhortando a esas personas a la búsqueda alocada de nuevas relaciones como si hubieran fracasado.

Dios es todopoderoso: no hay posibilidad para el fracaso si creemos en Él, aunque las cosas hayan salido aparentemente mal. Pacificar el corazón y reconciliarse con la propia historia es fundamental para poder encontrar nuevas metas en la vida cotidiana. Comportándonos como adolescentes inquietos, difícilmente encontraremos la satisfacción del corazón, si somos adultos.

Convéncete, Dios no abandona a esos hijos e hijas suyos a la soledad. Prometió estar cerca de los cansados y agobiados.

Reza intensamente por tu familia. Ora especialmente por los matrimonios rotos, por los esposos separados, y ten el convencimiento de que Dios está muy cerca de ellos, porque prometió estar cerca de los que pasan tribulación.

VIGESIMOSÉPTIMO DOMINGO. CICLO C

1. La fe es luz que alumbra en nuestra pequeñez.

2. ¿No podrá reconocer Dios algo de nuestro esfuerzo?

3. Quien protesta sin descanso... acabará quemado.

1. «El joven Nietzsche», escribe el Papa Francisco al inicio de su encíclica *Lumen fidei*, «invitaba a su hermana Elisabeth a arriesgarse, a "emprender nuevos caminos... con la inseguridad de quien procede autónomamente". Y añadía: "Aquí se dividen los caminos del hombre; si quieres alcanzar paz en el alma y felicidad, cree; pero si quieres ser discípulo de la verdad, indaga". Con lo que creer sería lo contrario de buscar»[1].

Son muchos los que sostienen esta misma opinión. Es posible que incluso nosotros mismos lo pensemos: la fe como una seguridad contra las eventualidades de la vida; una fe que exime al hombre de su obligación de pensar. La vida creyente se transforma en comodidad con respecto a lo que no se ve, y sosiego contra las incertidumbres. De este modo, la fe es poco amiga de la

---

[1] PAPA FRANCISCO, *Lumen fidei,* n. 2.

verdad y ajena a la razón, porque empuja al oscuro saco de la vaga creencia todo lo que no se entiende. «Tú cree, y basta». De esta forma, la fe se vincula a la oscuridad, y su ejercicio a una ciega confianza.

Según este modo de razonar, existe aún un segundo modo de vida, más inseguro, pero infinitamente más auténtico: la búsqueda de la verdad. Su verbo es indagar; y su meta, el conocimiento. Sin embargo, este modelo de vida yace difunto en los túmulos del pasado, porque son ya muy pocos los que creen en verdad alguna que no sea la flojera del propio bienestar. Es la cultura postmoderna: es nuestra propia cultura.

Cuando los apóstoles piden a Cristo que les *aumente la fe*... ¿se refieren acaso a esa fe oscura y triste? ¡Todo lo contrario! «La fe nace del encuentro con el Dios vivo, que nos llama y nos revela su amor, un amor que nos precede y en el que nos podemos apoyar para estar seguros y construir la vida. Transformados por este amor, recibimos ojos nuevos, experimentamos que en él hay una gran promesa de plenitud y se nos abre la mirada al futuro. La fe, que recibimos de Dios como don sobrenatural, se presenta como luz en el sendero, que orienta nuestro camino en el tiempo»[2].

La fe no sofoca el deseo de conocer, sino que lo aviva. De hecho, en el evangelio de hoy, Cristo no satisface el deseo de los apóstoles inmediatamente, sino que parece querer agudizarlo. En vez de aumentarles la fe, les pone por ejemplo la potencia del grano de mostaza, modelo de virtud, capaz de metas muy grandes a pesar de –o quizá a causa de– su pequeñez.

---

[2] *Ibídem*, n. 4.

Jesús pone delante de sus ojos la belleza de este deseo, capaz de mover montañas, para que la fe pueda anidar en ellos. Ella encuentra morada digna en el corazón deseoso de verdad y de bien, y nunca en el alma mezquina que se cansó de desear por confiar demasiado en sí misma o hastiarse de bienes materiales y superfluos.

Señor, auméntanos la fe, o lo que es lo mismo, «que nunca nos cansemos de buscar y desear el bien y la verdad».

2. A continuación, Jesús especifica la relación del hombre con Dios como la del criado con el amo. El patrón dispone del siervo siempre y cuando quiere. No existía lo que ahora llamamos un horario laboral. En absoluto. El criado se debía al amo, de modo que ni debía ni podía esperar reconocimiento por su parte. El siervo es propiedad de su señor, que puede echar mano de él cuando desee.

Con esta introducción podemos entender ya que significan las palabras del evangelio. El criado, a pesar de haber estado trabajando como labrador o pastor, tiene la obligación al volver a casa de ponerse inmediatamente bajo las órdenes del amo. No debe esperar por ello su agradecimiento, simplemente ha hecho lo que tenía que hacer.

Si aplicamos estos criterios a nuestra relación con Dios, puede asomar un cierto regusto amargo y una particular desgana. Solemos aplicarnos con esfuerzo a las cosas de Dios tales como la oración o la celebración de los sacramentos; tratamos de estudiar, algo especialmente arduo ahora que comienza el curso; e incluso huimos de las diversiones ilícitas... ¿y todo lo que podemos decir es que hemos hecho lo que teníamos que hacer? ¿no podrá Dios reconocer algo de nuestro esfuerzo?

Quien piensa así puede tener certeza de no haber convertido del todo el corazón. Es posible que nunca lo consigamos; basta con saberlo. Porque caminar por la senda de la gracia y la virtud es «un regalo de Dios» que, avalado por nuestro esfuerzo, hace la vida más armónica y pacífica. ¿O piensas que el que no estudia saca algo con ello? No razones a corto plazo: ten en cuenta que la vida es larga... ¿o es que sigues pensando que el que se desfasa tres días por semana es más feliz que tú?

3. El Colegio mayor se alzaba majestuoso a orillas de un magnífico paseo que seguía la vereda del río. Más de cien estudiantes, todos varones, estudiaban sin límite de horas. Era la época de exámenes y, salvo unos pocos, casi todos echaban el resto delante de los libros. Noches toledanas. Días desordenados.

El ambiente no era el más favorable. Los nervios estaban a flor de piel: los unos con sus trabajos, los otros con las distintas pruebas y, para más inri, habían caído en esas mismas fechas las oposiciones a judicatura a la que optaban cuatro alumnos. El mal humor había encontrado un hogar. Prácticamente todos los alumnos encontraban continuos motivos de queja y de reclamación: por una nota baja, por un defecto del colegio, porque el aire acondicionado había dejado de funcionar, porque tenían que volver a casa antes de las dos de la madrugada, porque, porque, porque...

Como todos los días, la comida empezó puntualmente. Era jueves y pudieron disfrutar de unas magníficas lentejas y cinta de lomo. Los estudiantes esperaban con ansia las natillas anunciadas por el menú. A través del recipiente, transparentaban una pinta excelente. Nada más falso: desde la primera cucharada se percibía que la leche se había pasado dándole un sabor horrible. Juan, airado, exclamó: «¿Qué es esto?», y Unai le contestó: «Esto es que en este colegio están quemadas hasta las natillas».

Es una máxima de difícil excepción: quien vive reclamando su continuo bienestar acaba quemado. Como los estudiantes del colegio. Como las natillas. O incluso más. Porque nunca nada es suficiente cuando nos ponemos en el centro y usurpamos el lugar de Dios.

¿Cuál ha de ser entonces nuestra actitud con respecto al Creador? Es Benedicto XVI quien responde: «Aceptar y hacer su voluntad es la actitud que debemos tener cada día, en cada momento de nuestra vida. Ante Dios no debemos presentarnos nunca como quien cree haber prestado un servicio y por ello merece una gran recompensa (...). En cambio, debemos ser conscientes de que, en realidad, no hacemos nunca bastante por Dios. Debemos decir, como nos sugiere Jesús: *Somos siervos inútiles, hemos hecho lo que teníamos que hacer*. Esta es una actitud de humildad que nos pone verdaderamente en nuestro sitio y permite al Señor ser muy generoso con nosotros»[3].

---

[3] Benedicto XVI, *Homilía* (3-10-2010).

VIGESIMOSÉPTIMA SEMANA. LUNES

1. ¡Jesús! Ayúdanos a ser sencillos.
2. La caridad transforma hombres y sociedades.
3. Anda, haz tú lo mismo.

1. Hay un modo particular de mentir o, al menos, de no decir la verdad: el de los que exponen las cosas de modo tan complejo o interesado, que al final uno no se aclara. Es el caso de «aquel Argimiro, *in illo tempore* seminarista en Santiago. Sus condiscípulos le encargaban:

—Argimiro, ya que vas a ver al rector, pregúntale si mañana saldremos de paseo.

Y Argimiro inquiría:

—¿Queréis que le pregunte para sí o para no?»[1].

La falta de sencillez puede ser sin maldad, como la de Argimiro... o maliciosa, como la del maestro de la ley del evangelio de hoy. Fue incapaz de decir a Cristo las cosas con naturalidad. Tenía doblez y no abrió su corazón: pensaba solo en cómo quedar bien. Y eso de obrar maquinando en el interior qué pensarán los demás es, como mínimo, agotador. Bien lo sabes, ¿verdad?

---

[1] M. D'Ors, *Más virutas de taller (2004-2009),* Sevilla 2010, p. 19.

Da tristeza pensar si ese hombre, protagonista de nuestro evangelio, encontró al mismo Cristo que llenó la vida de la Virgen, de Pedro, de Mateo o de Juan; y aun con eso, más, a pesar de eso, él no se movió un solo milímetro en su conducta. ¿Sabes por qué? porque no era un tipo sencillo.

Tenía delante al mismo Dios hombre que ha colmado las expectativas y los corazones de tantos hombres y mujeres... pero no se enteró absolutamente de nada: porque era malicioso –o sea, dañino–, aun cuando su apariencia fuera inofensiva.

Es llamativo considerar cómo pocos personajes del evangelio han preguntado a Cristo cosas más importantes. Este hombre inquirió sobre cómo salvarse, qué es el amor y quién es mi prójimo. Ahí es nada. Pero dio exactamente igual, porque solo quería aparentar, figurar, quedar bien... y, además, no vivía lo que enseñaba.

«¡Cristo mío! Ayúdame a ser sencillo: para reconocerte cuando estás cerca, para escucharte cuando te pregunto, para experimentar tu consuelo cuando me quejo. Quítame toda doblez, aparta de mí toda ausencia de sencillez, déjame –¡regálame!– la pureza del corazón que atiende, pregunta, escucha... y sabe obedecer».

2. Aún hoy sigue siendo secreto. James, nacido en Washington a mediados del siglo XX, es un sacerdote oculto que trabaja clandestinamente en una de las provincias más anticatólicas de la India. Poco a poco, consiguió hacer amistad con George, un compañero suyo de cricket. James le confió su secreto, le inició en la oración y en el trato personal con Cristo... y George felizmente terminó por pedir el bautismo.

Caminaban juntos una calurosa tarde de Julio, embriagados aún por la alegría de la conversión. Súbitamente, el sacerdote notó que su amigo, alejándose de él unos cinco metros, comenzó a caminar por la calzada en paralelo a los peatones durante unos segundos. Finalmente volvió a su lado.

—¿Qué haces? ¿por qué te has echado a la calzada?

George se ruborizó. No sabía cómo explicarlo; pero no había podido evitarlo. James no cejó en su empeño de saber, de modo que el «acusado» se vio obligado a responder:

—Mientras hablábamos, un intocable ha pasado delante de nosotros y ha caminado unos metros, antes de girar a la izquierda. Su sombra se ha extendido por ese trozo de acera y comprenderás que un indio de mi categoría no puede pisar siquiera la sombra por donde ha pasado un paria.

Te parecerá un ejemplo extremo. Puede que lo sea. Pero, ¿sabes una cosa? Es real. Hoy en el mundo –tú mundo– hay «intocables»: nadie, salvo los de su casta, puede acercarse ni siquiera a su sombra. Así es hoy y así era en los tiempos de Cristo.

Por eso, la pregunta *¿Quién es mi prójimo?* está cargada de significado. El maestro de la ley de nombre desconocido esperaba que Cristo dijera: «los del pueblo de Israel, los de tu clan, los de tu familia, tus amigos». ¡Qué sorprendente debió resultar la respuesta de Jesús! «Tú prójimo es el que tienes cerca, tu prójimo es quien pasa necesidad. Prójimo es aquel a quien te aproximas, aquel a quien te acercas para darle comprensión, alegría, un servicio». En una palabra: quién sea tu prójimo depende de ti: tu prójimo es aquel a quien te haces próximo, cercano.

La caridad que Cristo enseñó ha transformado tanto a los hombres como a sociedades enteras. Vemos normal tratar con educación y corrección a los que nos rodean, pero eso no era –ni es– tan claro en otras culturas. «Somos, creyentes o no, herederos del amor de Cristo».

Esfuérzate por vivir el precioso don de la caridad con los que te rodean. Aprovecha para hacer un poco de examen: ¿Tienes algún enfrentamiento contra alguien? ¿Eres rencoroso y guardas en tu corazón algún agravio? ¿Piensas mal de otras personas?

Aprende de aquel joven profesor que tanto impresionó a su pupilo: «a pesar de que habían asesinado en Caspe a su padre y a su hermano, no se apreciaba en él ningún espíritu de revancha, ni la menor falta de caridad contra nadie»[2].

3. *Anda, haz tú lo mismo* (*Lc* 10, 37). La recomendación del Señor a vivir la misericordia con los demás sigue siendo vinculante. Cristo lo repite hoy en lo más íntimo de tu alma, porque del nivel de esta exigencia brotará la paz en los que te rodean y en la sociedad entera.

Al samaritano *le dio lástima* del hombre herido. Nosotros también queremos sentir lástima por los sufrimientos y necesidades de los demás. Compadecernos, que significa «sufrir-con» ellos. «Después de aquella charla sobre la pobreza» decía Arancha «la realidad ha cambiado para mí, porque hoy, como por obra de milagro, percibo en los rostros de las personas sus sufrimientos: la gente sufre mucho, y el alma de Cristo también

---

[2] F. Ponz, *Mi encuentro con el fundador del Opus Dei,* Pamplona 2000, 26.

padece con ellos». ¡Corazones grandes para los hijos de Dios que quieren amar a los demás con el mismo amor de Jesucristo!: pídele entrañas de misericordia.

El protagonista de la parábola, el Buen Samaritano, no se dejó llevar por la pereza. *Le curó las heridas*: encontró tiempo para servir a aquel hombre, supo entender qué es una prioridad. ¡Cuántas veces dejamos de servir y de amar sencillamente por «pereza»!: porque no nos apetece, porque entre el primer impulso de la gracia en nosotros y nuestra decisión de actuar media la comodidad... El camino de la caridad no está diseñado para corazones cómodos, sino para almas enamoradas.

Finalmente, *lo montó en su propia cabalgadura*, porque servir a los demás es identificarse con ellos. Mal sirve quien lo hace desde una posición elevada o distinta, superior. Como la madre se echa al suelo para jugar con su pequeño, poniéndose a su nivel, así nosotros queremos servir a los demás, haciéndonos, en palabra del Apóstol, todo para todos.

VIGESIMOSÉPTIMA SEMANA. MARTES

1. *¿Por qué haces las cosas cada día?*
2. *La agitación: después del pecado, el peor de los males.*
3. *El alma agitada difícilmente supera sus defectos.*

1. «No hace mucho, oí una historieta de esas, que procuré no olvidar para contarla en ocasiones como esta. Es una tontería: había un mozo de estación que iba golpeando las ruedas de los vagones con un martillo, como suele ocurrir a veces cuando el tren se para en algunas estaciones. Un pasajero, al verle, se asomó a la ventanilla y gritó: "¿Desde cuándo viene haciendo eso?". "Desde hace veinte años, señor". Contestó el mozo. "¿Y para qué lo hace?", volvió a preguntar el viajero. "No tengo ni idea"»[1].

Enredados en miles de cosas, alegra pensar que nadie nos pregunte la razón por la que obramos. ¿Sabrías responder? Por qué tanto deporte, por qué tanto trabajo, por qué tantos encargos, agobio, prisa… Por qué, por qué, por qué.

---

[1] R. A. KNOX, *Retiro para gente joven,* Madrid 1999, 11-12

Existe una respuesta. «Por supuesto, la primera vez que monté en un tren, pregunté a mi padre qué es lo que hacía el hombre del martillo golpeando las ruedas. Me dijo que lo hacía para asegurarse de que no había ninguna rota, pues cuando el metal se quiebra suena distinto»[2].

La vida y sus quehaceres tienen un porqué, aun cuando, a veces, por la rutina o el activismo, se nos olvide. Santa Marta trabaja mucho por servir, sabe que merece la pena que todo esté perfectamente preparado para su Cristo: la mesa, los cacharros, la casa convenientemente limpia, la conversación amable... pero su corazón se tuerce. Deja de contemplar a Jesús y comienza a mirar a su hermana María. Ya no le importa tanto Dios como los hombres. La intención deja de ser pura: empieza a resultarle relevante la imagen que Jesús tendrá de ella, qué dirán los que van con el Maestro, si se fijarán en ella o no. Se examina constantemente: «¿lo hago bien? ¿lo estaré haciendo bien?». Es dura en su juicio: todo le parece insuficiente, pero no tanto por amor a Jesús, sino por la aspereza de su propio juicio. Quiere dar lo mejor, no para Dios, sino para sí misma.

Nadie le preguntó a santa Marta por qué hacía todas esas cosas. Quizá, de haberlo hecho, no habría hecho aquel comentario lastimoso acerca de la pasividad de su hermana. Habría reflexionado y pensado que obraba todo eso por Dios, y que valía la pena seguir haciéndolo así, sin preocuparse por María.

Ahora, tú y yo, que tantas veces nos fijamos en lo que los demás hacen o dejan de hacer, nos paramos. Si-

---

[2] *Ibídem*, 13.

lencio. Hacemos el esfuerzo de pacificar nuestra alma y preguntarnos, antes de juzgar a los demás, por qué vivo esta vida, cerca o lejos de Dios... ¿tiene sentido todo lo que hago, o soy como un anciano mozo de estación que golpea las ruedas cada día sin saber por qué?

2. Cuando la agitación llegó al corazón de Marta, dejó de comprender el sentido de las cosas y de buscar la rectitud, se fijó en los demás (comparándose) y comenzó a ver sus defectos mucho más grandes de lo que en realidad eran. Se había preocupado tanto del éxito de lo exterior que no percibía su creciente pobreza interior.

La experiencia es perenne. Es habitual sentirse removido por muchas cosas: exceso de estudio o de trabajo, agobio por tanto quehacer, inquietudes que están en nuestra cabeza y nos acompañan a todos lados.

La peor agitación –nos dice san Francisco de Sales– es la que nace de intentar vencer nuestros defectos y no encontrar solución, generando tristeza en el alma. Es lo que ocurre con una virtud que nunca conseguimos alcanzar del todo (por ejemplo, la pureza) o un vicio jamás extirpado completamente (por ejemplo, la maledicencia o la envidia o la crítica). Nos agitamos, porque luchamos y no podemos con ello, y perdemos la paz. Esto no es una simple tentación, sino la fuente y causa por la cual vienen muchas tentaciones. «Por eso te hablo un poco de ella»[3].

Piensa que, si buscas los medios para liberarte de tus males fijándote en el amor de Dios, encontrarás los

---

[3] S. FRANCISCO DE SALES, *Filotea. Introduzione alla vita devota*, Milano [15]2010, pp. 284-287.

medios para lograrlo. Y lo lograrás con paciencia, dulzura, humildad y serenidad, esperando la propia liberación en la bondad y la providencia de Dios, más que en el propio esfuerzo, la propia capacidad o la propia diligencia. En el fondo, esta es la posición de María que, a los pies del Señor, sabía que recibiría todo de Él.

Si, por el contrario, buscas por amor propio la liberación de ese mal que te tiene inquieto, te agitarás aún más y empezarás a buscar medios para solucionarlo que dependen más de ti que de Dios. Entonces, irremediablemente, experimentarás un tremendo cansancio en la lucha: tremendo e inútil... como el de Marta.

3. Comentando esta escena del evangelio, un autor contemporáneo escribe: «A una mujer que no paraba de hacer cosas, que no se detenía a pensar, le dijo Jesús: *Marta, Marta, tú te inquietas y te turbas por muchas cosas, pero una sola es necesaria* (*Lc* 10, 41). Hay muchos muertos... y hay muchas "Martas". Una sola cosa es necesaria, ¿cuál? *María ha escogido la mejor parte, que no le será arrebatada.* ¿Qué parte es esa que escogió María, la hermana de Marta? Dice el evangelio que *María estaba a los pies del Señor, escuchando sus palabras.* ¡Esa es la mejor parte! ¡Esa es la única cosa necesaria!»[4]. Hagamos como María. Aprendamos a abrir nuestro corazón a Dios –especialmente en aquellas cosas que no van bien–, dejándonos exigir por Él. Él sabe bien cuál es la solución y cuáles son los medios.

---

[4] A. Sanz Sánchez, *Pasión por la Verdad*, Alicante 2010, pp. 138-139.

Pon tus defectos ahora mismo delante de Dios. Uno por uno. Calma tu intelecto, serena tu voluntad y, con moderación y dulzura, dile a Jesús que sueñas con verte libre de esas cosas: un sentimiento de soledad que te hace sufrir, el enfrentamiento con un familiar que viene ya de lejos, ese deseo por otros caminos que no son el tuyo...

Así, con moderación (que nada tiene que ver con la negligencia) busca los medios para superarlo: sin prisa, como si el pájaro fuera capaz de pararse, reflexionar y estudiar el modo de deshacer el nudo que le oprime.

«Mi alma está siempre en tus manos, Jesús mío, y no quiero nunca olvidar tu divina protección. Jesús, no permitas que mi alma sea presa de la agitación que es fruto del orgullo y la soberbia. Enséñame a combatir primero mis pequeños defectos, y a tener fe en que luego Tú me darás fuerza para vencer en los grandes. Y si caigo, ayúdame a volver con un empeño dulce y sereno, con un deseo sincero de servirte y amarte mejor».

VIGESIMOSÉPTIMA SEMANA. MIÉRCOLES

1. Un anticipo del cielo en la tierra.
2. Jesús hace que puedas llamar a Dios «Padre».
3. ¿Qué hay que pedirle a Dios?

1. San Lucas es, de los cuatro evangelistas, el que más referencias nos ofrece de Jesús haciendo oración; la mayoría de las veces simplemente dando noticia de ello, como sucede en el evangelio de hoy. Pero, en esta ocasión, al terminar ese rato de oración, uno de los discípulos le pregunta: *Señor, enséñanos a orar, como Juan enseñó a sus discípulos* (*Lc* 11, 1).

Antes de entrar en la respuesta de Jesús a la demanda de su discípulo, quisiera que te detuvieras en la misma pregunta y su motivación. ¿Por qué aquel discípulo pide a Jesús que les enseñe a orar? Como buenos judíos todos los que acompañan a Cristo saben dirigirse a Dios y rezar conforme a la tradición que han recibido. No son ignorantes en la materia. De la piedad y la oración de Natanael tenemos, por ejemplo, noticia en el evangelio de Juan, con motivo de la llamada que le hace el Maestro. Es el conocimiento que manifiesta Jesús de su rato de oración a Dios debajo de una higuera lo que supone para él la credencial definitiva de Cristo para aceptar su llamada (cfr. *Jn* 1, 43-51). ¿Por qué pedir entonces que les enseñe a hacer oración si ellos ya saben?

Creo que la respuesta está en la misma oración de Cristo de la que son testigos sus amigos. En ella debieron apreciar algo nuevo, diferente a lo que ellos practicaban y conocían. Lo que veían y sentían al contemplar a Jesús cuando este hacía su oración les debió causar una impresión grande y un deseo de participar en ello. En definitiva, lo que intuían era la intimidad y familiaridad de Jesús con el Padre, algo radicalmente nuevo para ellos. No dejes tú tampoco de asombrarte con esta intimidad con Dios que trae Jesucristo al mundo. Supera cualquier intento humano por alcanzar a Dios y comunicarse con Él. Es Dios mismo, hecho uno como nosotros, quien acerca a la tierra el diálogo y la vida divina que se trasluce en la oración de Cristo. Un anticipo del cielo en la tierra, ¿cómo no desear esto para uno mismo?

2. Tener su intimidad con el Padre del cielo, esa es la puerta que te abre el mismo Cristo al enseñarte a orar como hace Él. Por eso, lo primero es dirigirse a Él como lo hace Jesús, llamándole Padre. Así comienza la oración que enseña Jesús a los suyos y que aprendiste desde pequeño: el padrenuestro. Date cuenta de que cuando dices *Padre nuestro* en tu oración, lo haces de manera propia y no solo como una metáfora o una imagen. Cristo te hace partícipe verdaderamente de su intimidad con Dios y eso implica participar de la relación que Él tiene con el Padre, lo cual a su vez significa participar de su filiación. Cristo te ha hecho hijo o hija de Dios por el bautismo para que tengas parte precisamente en esa relación especialísima y singular del Hijo con el Padre y puedas decir *Padre nuestro* con toda propiedad. ¿No es para estar agradecido?

Partícipes de la relación de Jesús con el Padre, hijos de Dios por el bautismo, pero, a la vez, hijos no totalmente idénticos al Hijo. Tú y yo, como todos los discípulos de Jesús, decimos *Padre nuestro*, Jesucristo dice *Padre mío*. Hay una diferencia esencial entre el Hijo y los hijos: Él lo es propiamente, por naturaleza, todos sus discípulos lo somos por adopción. Y, por eso, Él puede decir *Padre mío*, porque es el Hijo unigénito, nacido del Padre antes de todos los siglos, de su misma naturaleza. Mientras que nosotros, que somos hijos adoptivos, solo podemos decir *Padre nuestro*, pues nuestra filiación viene mediada por el Hijo y es compartida por muchos. Y esto es importante. No eres hijo o hija de Dios de manera aislada, en soledad, sino que lo eres siempre en unión a tus hermanos dentro de la iglesia. No hay «hijos únicos» en la familia de los hijos de Dios, el Hijo único es Cristo. Ten esto muy presente cuando tengas la tentación del «yoísmo», es decir, ponerte en el centro y hacer que todo gire en torno a ti: «yo tal, yo cual, porque yo...». Sal de ti, levanta la cabeza y mira a los demás, hijos de Dios como tú, y vive desde la invocación al Padre del cielo la auténtica fraternidad que de ella se desprende.

3. Simplemente con repetir y considerar la invocación *Padre nuestro* tendrías para toda la oración y, si apuramos todos los días, es tal el misterio insondable de amor divino contenido en ello que no lo agotarías. Pero Jesús ha querido señalarnos con las peticiones de esta oración fundamental el contenido más apropiado para nuestras plegarias. Por eso, si alguna vez te has preguntado ¿qué debo pedir a Jesús? o ¿qué es más conveniente o importante que tenga presente en mis oraciones?, entonces las peticiones del padrenuestro te ofrecen la respuesta de Jesús.

En primer lugar, nos dice Jesús, que hay que pedir que sea santificado el nombre de Dios (cfr. *Lc* 11, 2). Pero, ¿qué significa esto? Es obvio que no pedimos nada para Dios, su gloria y santidad no pueden aumentar, Él es Dios. Lo que pedimos al decir *santificado sea tu nombre* es que se sea santificado en cada uno de nosotros. Pedimos, en definitiva, el don de la fe y la gracia que haga de nosotros verdaderos hijos suyos, santos como los santos del cielo. Esta es la petición fundamental: la santidad. Todo lo demás va detrás. Cumplir su voluntad, el pan de cada día –que significa todo lo material que necesitamos para la vida, pero también el alimento espiritual de la Eucaristía–, el perdón, ser librados de la tentación y del mal, todo ello se ordena hacia la santidad. ¡Ojalá le pidas a Dios con insistencia que te haga santo! Todo lo demás está muy bien que se lo confíes también, pero ten siempre tu corazón y tu mirada en el cielo, en lo que importa verdaderamente. Porque el destino que Dios quiere para sus hijos es precisamente que compartan con Él y sus santos la gloria del cielo.

VIGESIMOSÉPTIMA SEMANA. JUEVES

1. «*Yo ya no pido ná*».

2. *Pedir. Pedir mucho. Pedir lo importante.*

3. *Para pedir, ponerse delante de Dios.*

1. Unos días de descanso en Jerez de la Frontera, al sur de España. Después de un duro año de trabajo para este sacerdote dedicado a la enseñanza de la Teología, bien valía la pena dedicar unos días a leer unas buenas novelas y practicar su deporte preferido: la bicicleta. En esas estaba don José Manuel cuando decidió hacer una excursión un poquito más larga, e ir a visitar, con un par de amigos, a la Virgen del Rocío.

Al llegar allí, entraron en un bar para recuperar líquidos. Aunque iban vestidos de deporte, o precisamente por eso, lo primero que hizo fue presentarse como sacerdote. Era una oportunidad más para hablar de Dios y enseñar a las claras que un sacerdote es un tipo normal, que monta en bicicleta y que tiene gusto por las cosas buenas de la vida.

La gente del lugar es abierta y dicharachera, así que estuvieron hablando un buen rato con la señora que regentaba el local. Don José Manuel le contó que vivía en

Roma desde hacía muchos años y que se dedicaba a la formación de seminaristas y sacerdotes. Cuando ya se despedían, el sacerdote añadió:

—No se olvide de pedirle cada día a la Virgen por los sacerdotes.

Sorprendentemente, la señora contestó:

—Yo ya no pido *ná*.

Insistió el cura:

—Mujer, pero por los sacerdotes que están en Roma, así me da una ayudita... Pero no había manera:

—Eso *ehtá mu* bien, pero *eh* que yo ya no pido *ná*.

Curioso, preguntó don José Manuel:

—¿Pero, cómo no le pide nada a la Virgen, si vive usted aquí, en el Rocío?

Y la señora le contó su historia:

—Mire *uhté, hase doh añoh* mi hijo se puso *mu* malo. Así que yo me fui a la Virgen y le dije «Cúramelo». Y la Virgen me habló, y aquí en el *corasón* la oí yo que me *desía*: «Te lo voy a *curá*... pero ya no me *pidah má*». Así que yo ya no pido *ná*.

Es un claro ejemplo de «revelación privada», más bien apócrifa. La Virgen –tenlo por seguro– nunca nos sugerirá en la oración algo distinto a lo que a plena voz dijo su propio Hijo: *Pedid*. Sí: *pedid y se os dará, buscad y hallaréis, llamad y se os abrirá* (*Lc* 11, 9). Ella insiste siempre en esa dirección, como en Caná: *Haced lo que Él os diga* (*Jn* 2, 5).

La hostelera del Rocío, quizás por superstición o por temor a perder los dones recibidos, había optado por no pedir nada más. Pero la Virgen está deseando que llenemos el trono celeste de Dios con peticiones sinceras nacidas de lo íntimo del corazón.

2. Pedir, y pedir mucho: no tener miedo a ser como niños delante de Dios. Así descubriremos su ternura. Esto es justamente lo que Cristo quiere explicarnos. ¿No has visto la delicadeza de los hombres, incluso de los más rudos, ante las necesidades de sus pequeños? ¿Acaso se vio alguna vez un padre que en vez de pan repartiera serpientes o escorpiones?

Si vosotros, pues, que sois malos, sabéis dar cosas buenas a vuestros hijos, ¿cuánto más el Padre del cielo dará el Espíritu Santo a los que le piden? (*Lc* 11, 13).

Al hijo que pide pan, su padre le da pan, no alacranes. Y al hijo que pide la felicidad, Dios muchas veces no le da una felicidad sensible, sino la auténtica felicidad: el Espíritu Santo, que nos hace vivir como hijos de Dios.

Esta consideración nos obliga a detenernos un momento en nuestra oración, para examinarnos despacio, con Su ayuda. ¿Cómo dirijo mis peticiones a Dios?, ¿con qué confianza? Por otra parte, ¿qué le pido?, ¿son mis preocupaciones verdaderamente importantes? En fin, si el Señor no me concede «eso tan concreto» que le he pedido, ¿cómo reacciono?, ¿me rebelo o me atrevo a buscar en lo que me sucede los signos de su amor paternal? Porque me dé o no «eso», siempre me envía su Espíritu de hijo, por el que en todo momento me encuentro en su presencia y puedo decirle: *¡Abbá!, ¡Papá!, ¡Padre!* Nadie se ocupa tanto de mi felicidad como mi Padre Dios. «Que me dé cuenta, Señor, que no me olvide…».

3. Ponerse en presencia de Dios es la primera condición para entablar una conversación con Él. Jesús quiere darnos lo que necesitamos, pero debemos primero «ir a verle, estar con Él». El hombre necesitado se dirigió al conocido a media noche para pedirle su ayuda, sin miedo a importunarle. E insistió: no se desanimó ante la primera negativa. Bien sabía que era de noche, que todos dormían... pero no desesperó en su empeño por ver a su amigo. Tal era su fe; así era su necesidad.

Nosotros, con insistencia (cada día) y con fe nos sentamos un rato a rezar. Ora con confianza, como si fuera el mismo Señor quien te las dirigiera en la intimidad de tu plegaria; ora con esta oración compuesta hace muchos años por San Alfonso María de Ligorio que puedes encontrar fácilmente –y más extensa– en la red:

«No es preciso, hijo mío, saber mucho para agradarme mucho; basta que me ames con fervor. Háblame, pues, aquí sencillamente, como hablarías a tu madre, a tu hermano. ¿Necesitas hacerme en favor de alguien una súplica cualquiera? Dime su nombre, bien sea el de tus padres, bien el de tus hermanos y amigos; dime en seguida qué quisieras que hiciese actualmente por ellos. Pide mucho, mucho, no vaciles en pedir; me gustan los corazones generosos que llegan a olvidarse en cierto modo de sí mismos, para atender a las necesidades ajenas. Háblame así, con sencillez, con llaneza, de los pobres a quienes quisieras consolar, de los enfermos a quienes ves padecer, de los extraviados que anhelas volver al buen camino, de los amigos ausentes que quisieras ver otra vez a tu lado.

Dime por todos una palabra de amigo, palabra entrañable y fervorosa. Recuérdame que he prometido escuchar toda súplica que salga del corazón; y ¿no ha de salir del corazón el ruego que me dirijas por aquellos que tu corazón especialmente ama?

Y para ti, ¿no necesitas alguna gracia? Hazme, si quieres, una lista de tus necesidades, y ven, léela en mi presencia. Dime francamente que sientes soberbia, amor a la sensualidad y al regalo; que eres tal vez egoísta, inconstante, negligente...; y pídeme luego que venga en ayuda de los esfuerzos, pocos o muchos, que haces para quitar de ti tales miserias.

No te avergüences, ¡pobre alma! ¡Hay en el cielo tantos justos, tantos Santos de primer orden, que tuvieron esos mismos defectos! Pero rogaron con humildad...; y poco a poco se vieron libres de ellos».

VIGESIMOSÉPTIMA SEMANA. VIERNES

1. Jesús igual a Belzebú; blasfemia perenne.
2. La doble vida es guerra civil.
3. Traicionar a Dios es peor que no haberlo conocido.

1. Jesús es acusado por la multitud. Dureza en las palabras. Situación hostil. El momento es violento porque unos juzgan que Jesucristo actúa en virtud de poderes demoniacos, otros le piden un signo del cielo, ¿alguno creería en Él?

Turba al corazón creyente un trato tan despreciable. No debe de extrañar, por tanto, que también hoy se ningunee al Salvador. Él, misericordia y bondad entrañables, Dios y hombre verdadero, es para algunas almas piedra de tropiezo, motivo de escándalo, engañador y falsario, mentiroso: Belzebú. Unos y otros, los de tiempos de Jesús y los de los nuestros, lo comparan con Satanás, príncipe de la mentira. Blasfemia, sí; pero blasfemia perenne.

La reacción de Cristo a las asechanzas del enemigo fue proporcional al ataque. Para articular su defensa, Jesús expone primero un argumento de razón que, posteriormente, ilustra con varios ejemplos.

Todo reino dividido contra sí mismo va a la ruina y cae casa sobre casa. Si, pues, también Satanás se ha dividido contra sí mismo, ¿cómo se mantendrá su reino? (*Lc* 11, 17-18). La acusación no se tiene en pie. Satanás no puede estar contra Satanás: no subsistiría. El infundio no nace de la observación de la realidad, sino como consecuencia humillante de la rastrera envidia. No pueden con Jesús, y buscan destruirle. Entonces igual que ahora. Ahora igual que entonces.

Toda la argumentación toma inicio porque Jesús *leyó sus pensamientos*. Nosotros no podemos entrar dentro de lo íntimo de los demás para conocer el discurrir de sus conciencias, pero sí podemos hacerlo dentro de nosotros mismos.

De eso se trata; de hacer silencio para poder interpretar qué pensamos realmente. Tal es la tarea del primer rato de nuestra oración. Comprobar si no estamos también nosotros en guerra civil, quizá no abierta y sangrante, sino escondida y silenciosa, donde el deseo de bien se enfrenta con la república del orgullo; la intención de servir con el reino de la comodidad y la voluntad de amar contra el imperio del bienestar y el egoísmo.

2. *Todo reino dividido contra sí mismo va a la ruina y cae casa sobre casa* (*Lc* 11, 17). Si por fuera hay una pose religiosa y honrada, pero por dentro somos igual que los demás, difícilmente la situación será sostenible. Guerra civil. Y como no se puede servir a dos señores, se acabará por rendir pleitesía a uno: al placer o Dios; al dinero o al Salvador.

Es normal experimentar lucha. Por guerra civil no se entiende la experiencia cotidiana de las pasiones más bajas: pereza, lujuria, gula o cualquiera de los otros pecados capitales. Esa concupiscencia es consecuencia del pecado original; recordatorio de nuestra pobreza y de la necesidad de confiar mucho –todo– en Dios.

Ahora bien, la admisión de vidas paralelas en el único discurrir de la existencia es esquizofrenia espiritual. Sus síntomas son variados; basta con enumerar algunos.

Ir a Misa los domingos, pero no atender en absoluto. Es un evento social cuyo momento de máximo interés es la fila de la comunión: desfile de modelitos y cotilleo ideal para comprobar quien faltó.

En este modo de existencia hay al menos dos o tres vidas. La de diario, el fin de semana, y la noche. A diario, dignidad. Mantener el tipo. Decir al sacerdote que intento rezar, pero no puedo. Me cuesta. No me dice nada. ¿Y cómo quieres que te lo diga?

Ojo con las otras dos vidas. El fin de semana, pereza y egoísmo. Horizontalidad. No existe el desayuno. Pero no creas que es por mortificación, sino porque la hora de alzado matutino es indecorosa. Amigos. Deporte. Sí: cosas buenas. Todas para la propia satisfacción. ¿Superficialidad?

Por la noche, ya en la casa –a diario– trasteando con la red social menos pudorosa; ya saliendo a bares o a discotecas, mendigos de amoríos y pedigüeños de palabras de cariño. La felicidad de un pelo bonito o de un tipo estupendo. Gusto de un momento, amargura de semanas.

El reino que está divido está en guerra civil. Noticia triste para la nación entera.

¿Qué haré si me hallo en tal situación? Lo primero de todo, tener la sensatez de comprender que todos nos encontramos un poco así, y esta es la batalla del cristiano.

¿Después? Ilusionarme –mucho– con el horizonte inmenso que se abre al que quiere vivir la única vida del amor a Dios y al prójimo. ¡Es Dios quien la da! Basta el poco de confiar en Él, y la sensatez de sospechar de uno mismo, fiándonos de quien nos pueda ayudar.

¿Verdad que no es tan difícil?

3. Después de defenderse a sí mismo... Jesús pasa al ataque. El ambiente polémico lo permitía. Es posible que la reacción hubiera resultada desproporcionada en otro contexto; por ejemplo, si se hubieran acercado de buena fe. Pero no es el caso: ni siquiera han presentado a Cristo su parecer. Solo han albergado malos pensamientos criticando unos con otros; destruir a Jesús era su objetivo. Es momento de hablar claro. Y es que a veces pasa. Solo una fe lánguida será incapaz de distinguir cuando es momento de dar razones, y cuándo de denunciar injusticias. Ahora toca lo segundo.

Acusan a Jesús de ser presa de Belzebú, pero ahora es Cristo quien atacará a los judíos con la misma acusación. Para ello, pone el ejemplo con el que concluye el evangelio de hoy. Es difícil de comprenderlo, léelo otra vez... y aquí tienes una explicación.

El hombre que ha conseguido expulsar el espíritu inmundo es el pueblo de Israel. Gracias a la ley que recibió Moisés, y mediante su puesta en práctica, han echado lejos a Satanás. El demonio, no teniendo donde ir, ha frecuentado a otros pueblos, simbolizado por el desierto, lugar árido de conciencias lejos de Dios.

Tiempo después vuelve, encontrando al hombre aseado: eso significa que la ley ha cristalizado en un decoro exterior, pero los corazones no se han convertido. El demonio busca refuerzos y cuando es lo suficientemente fuerte, entra de nuevo en el hombre que se creía tranquilo con sus cosas. *Y el final de aquel hombre resulta peor que el principio* (cfr. *Lc* 11, 26).

Jesús explica de este modo que haber recibido la ley, los profetas, los reyes y el culto... puede acabar trayendo un resultado nefasto cuando se produce la transformación de lo exterior dejando lo interior intacto. Cristo conocía lo de dentro; no en vano leía sus pensamientos. Y veía podredumbre.

¿Seremos también nosotros víctimas de un ataque similar por parte de tan feroz enemigo? ¿Haber conocido al camino, la verdad y la vida será al final peor por nuestra falta de correspondencia?

.

VIGESIMOSÉPTIMA SEMANA. SÁBADO

1. Acordarse todo el rato de la Virgen.
2. Da a Dios lo mejor.
3. Amar a Dios con corazón humano.

1. Los hombres se devoraron entre ellos. Quizá no fue una decisión consciente, sencillamente creció una tensión, estalló una cruel guerra y llegó el fin del género humano.

Como iniciamos hoy nuestra oración en el plano de la ficción, sigamos por ese camino. Unos extraterrestres de forma humana llegaron a la tierra. No encontraron sino los restos de la civilización del *homo sapiens*. Nadie sobre la tierra. Los alienígenas se pusieron manos a la obra. Eran exactos como las abejas, inteligentes como delfines, trabajadores como hormigas y, en su tecnología, más sofisticados que el más desarrollado animal de la creación o aparato inventado por el hombre.

Descubrieron entre los escombros cosas que les sorprendieron. No fue la técnica de los hombres ni sus evolucionados ingenios lo que sobrecogió sus corazones extraterrestres, sino el hallazgo del amor humano, para ellos completamente desconocido. Encontraron fotografías, pero no de objetivos militares o construcciones faraónicas que ellos conocían bien, sino de personas en situaciones cotidianas. Sí, por sorprendente que parezca, había simples personas fotografiadas, ¡qué cosa tan extraña!: uno vestido de militar con una dedicatoria que consiguieron descifrar y rezaba así: «me acuerdo de ti todos los días»; otra de un hombre y una mujer muy juntos delante del Coliseo, firmada a pluma con una fecha que sugería un aniversario; incluso hallaron en una cartera, junto al dinero y varias tarjetas de crédito, la imagen de una chica muy guapa y sonriente.

Poco a poco, los nuevos pobladores de la tierra ganaron en el conocimiento de las costumbres humanas, y supieron que los enamorados se regalaban muchas cosas. Concluyeron que, habitualmente, se trataba de cosas de valor y delicadas, preparadas con antelación y que habían requerido mucha dedicación.

Prepararon un pequeño archivo con toda esa información. Una carpeta TOP SECRET se titulaba: «A los humanos les gustan las cosas bonitas». Dentro se podía ver un catálogo de toda clase de perfumes, joyas, prendas de ropa y regalos de todo género. Ese clasificador, a su vez, albergaba un pequeño sobre en blanco. ¿Sabes lo que había escrito dentro?:

«A todos, pero especialmente a las chicas, les gusta mucho que se acuerden de ellas todo el rato. Les gusta y lo necesitan, porque da mucha seguridad sentirse querido».

¿Tendré que recordarte hoy que la Virgen María es una chica, y que alegras mucho su corazón cuando te acuerdas «todo el rato de ella»? ¿Será necesario repetir que en tu confesión o en tu dirección espiritual, o tú contigo mismo, debes concretar *ya* y pisar de una vez el acelerador en tu piedad mariana, no tanto porque a ti te vaya a ir bien, como para hacerla muy feliz a ella?

2. Los extraterrestres continuaron su terráqueo examen. Estos seres carentes de amor comprendían que los hombres plantaran inmensos centros comerciales o fábricas increíbles. Hasta ahí todo normal: producir-vender-comprar-ingresar-producir... Lo que les llamó la atención es que existieran grandes superficies que no obedecían a un objetivo material. Abrieron un nuevo clasificador con el título de *Iglesias y Templos*.

Hicieron un examen de todas las iglesias del mundo. Encontraron pequeñas capillas de monjas, ocultas en la selva, o incrustadas en el silencio de la clausura en la ruidosa ciudad. Hallaron, en la pobreza o riqueza de sus muros, mucha dedicación, y comprendieron que no es cosa de tener o no dinero. En esto de alabar a Dios –concluyeron– hay algo más, porque algunas religiosas o comunidades cristianas paupérrimas con muy poco hacían mucho, dando lo mejor a su Dios.

Examinaron grandes catedrales, y parroquias antiguas; pueblos minúsculos con iglesias preciosas, y el alma alienígena –si la tienen– se llenó de estupor al comprobar lo que el hombre era capaz de hacer por amor a Dios.

Pero algo captó su atención de modo especial: encontraron lugares donde las cosas de Dios eran material de desperdicio: hierros y artilugios feos, realmente espantosos y poco dedicados. Crearon una comisión, ¡todo esto resultaba contradictorio!

No entendían cómo los mismos hombres que buscaban agradar a sus mujeres, no con pendientes de papel de plata o flores de plástico, sino con lo mejor de lo mejor... dejaran para Dios lo que jamás aceptaría una mujer.

La comisión elaboró un veredicto: «algunos hombres por algún tiempo amaron a Dios con un corazón distinto del aquel con el que aman a los suyos. Si hubieran amado a Dios con el mismo corazón con que quisieron a sus madres, le habrían dado, sin duda, lo mejor, aun a costa del propio alimento».

¿Amas a Dios con tu único corazón? Da a Dios lo mejor. Y no pienses en cosas extraordinarias. Considera: ¿cómo vistes cuando vas a Misa? Recuerda que es lo más sagrado de tu semana, la cita más importante de tu vida... ¿Colaboras con la Iglesia para que cuide todo lo que hace referencia a Dios: cálices, copones, etc.? ¿Es tu conducta en la iglesia silenciosa, delicada, respetuosa, sagrada, reverente?

3. Se acercaron por fin a las bibliotecas. Encontraron legajos de papeles, destruidos en el fragor de la batalla. Sobre esto volveremos más adelante en alguna otra meditación. Entre todos los testimonios escritos, descubrieron parte de los evangelios. En concreto, una frase llamó su atención: *Bienaventurado el vientre que te llevó y los pechos que te criaron* (*Lc* 11, 27). Es nuestro fragmento de hoy.

Sin mucho esfuerzo entendieron –y conviene que lo comprendamos también nosotros– que a Cristo le agradan los piropos que le dirigimos a su madre. Es cierto: ¡bendita sea la madre de Hijo tan excelente! ¡Qué maravilla ser madre de Jesús!

La respuesta de Jesús puede parecer despectiva para con María, pero no es así: *Mejor, bienaventurados los que escuchan la palabra de Dios y la cumplen* (*Lc* 11, 28).

¿Quién responde mejor a esta descripción que nuestra madre santa María? Ella es quien mejor ha *escuchado* la palabra de Dios y quien más se *ha fiado* para ponerla por obra.

Además, Jesús llama dichosos a todos los buenos hijos de María, y eso es un piropo para la madre. Porque igual que a Jesús le agrada que digamos a María lo guapa que es, la Virgen se alegra cuando sus hijos están contentos por las alabanzas de Jesús.

Ama a Dios y a la Virgen con el mismo corazón con que amas a las criaturas. Ama a María con ese corazón que es capaz de quemarlo todo, de darse enteramente por un amor, y que lo manifiesta en concretas muestras de cariño. Ama a Dios y a su Madre como amas a quien más quieres. Y no pierdas nunca de vista que «¡No hay más amor que el Amor!»[1].

---

[1] *Camino*, 417.

ÍNDICE

VIGESIMOPRIMERA SEMANA DEL TIEMPO ORDINARIO

VIGESIMOSEGUNDA SEMANA DEL TIEMPO ORDINARIO

VIGESIMOTERCERA SEMANA DEL TIEMPO ORDINARIO

VIGESIMOCUARTA SEMANA DEL TIEMPO ORDINARIO

VIGESIMOQUINTA SEMANA DEL TIEMPO ORDINARIO

VIGESIMOSEXTA SEMANA DEL TIEMPO ORDINARIO

VIGESIMOSÉPTIMA SEMANA DEL TIEMPO ORDINARIO